COURS

D'ART ET D'HISTOIRE

MILITAIRES

PAR J. VIAL

CHEF D'ESCADRONS D'ÉTAT-MAJOR

Professeur d'Art et d'Histoire militaires à l'Ecole impériale d'application d'état-major.

LIVRE Ier du cours de 1re année, revu et corrigé en 1870.

PARIS

LIBRAIRIE MILITAIRE.

J. DUMAINE, LIBRAIRE-ÉDITEUR DE L'EMPEREUR

RUE ET PASSAGE DAUPHINE, 30

1870

COURS

D'ART ET D'HISTOIRE

MILITAIRES.

COURS

D'ART ET D'HISTOIRE

MILITAIRES

PAR J. VIAL

CHEF D'ESCADRONS D'ÉTAT-MAJOR

Professeur d'Art et d'Histoire militaires à l'École impériale d'application d'état-major.

LIVRE Ier du cours de 1re année, revu et corrigé en 1870.

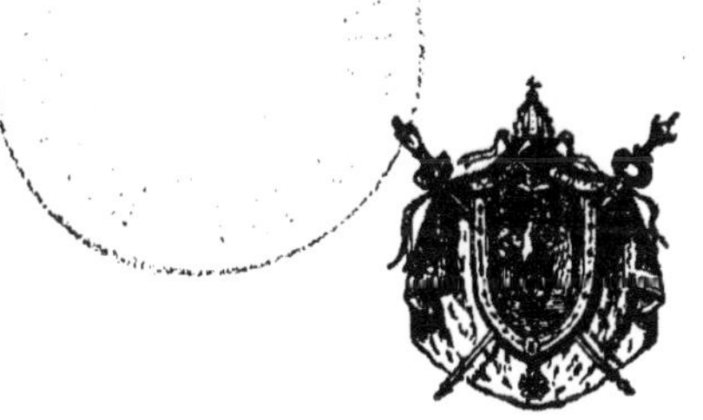

PARIS

LIBRAIRIE MILITAIRE.

J. DUMAINE, LIBRAIRE-ÉDITEUR DE L'EMPEREUR

RUE ET PASSAGE DAUPHINE, 30

1870

Ce livre premier du *Cours de 1re année* relatif aux Institutions militaires des États, revu et corrigé en 1870, peut se substituer à la partie correspondante du tome premier, *édition de* 1863.

Paris. — Imp. COSSE et J. DUMAINE, rue Christine, 2.

PREMIÈRE PARTIE

OU

COURS DE PREMIÈRE ANNÉE.

LIVRE PREMIER

INSTITUTIONS MILITAIRES DES ÉTATS.

PREMIÈRE LEÇON.

INTRODUCTION.

Plan et ensemble du cours. — But que l'on s'y propose. — Liaison entre l'art et l'histoire militaires.
De la guerre. — De l'art militaire. — Sa définition. — Son importance.
Coup d'œil rapide sur l'histoire de l'art militaire, depuis son origine jusqu'à nos jours.

I.

Nous divisons le cours d'art militaire en deux parties principales qui correspondent aux deux années d'études, et nous avons ainsi un cours de première année et un cours de deuxième année.

Chacun d'eux se subdivise en trois parties secondaires ou en trois livres.

Pour le cours de première année, la Ire partie, ou le livre Ier, sera consacrée à l'étude des institutions militaires des États ; la IIe partie aura pour objet l'étude des différentes armes et l'organisation des armées actives ; la IIIe partie sera consacrée à l'examen des petites opérations et particulièrement des reconnaissances.

Pour le cours de deuxième année, dans la Ire partie, nous étudierons le rôle que joue le terrain à la guerre ; dans la IIe partie, nous nous occuperons des grandes opérations militaires ou de la stratégie ; dans la IIIe partie, nous verrons les opérations du champ de bataille ou la grande tactique.

De plus, dans un appendice de huit leçons, nous étudierons l'organisation et le service des états-majors.

Tel est le plan d'ensemble du cours, et sa disposition générale est basée sur cette idée que le cours de première année doit autant que possible comprendre tous les principes relatifs à la création, à l'organisation des armées et à leur préparation pour entrer en campagne ; et que le cours de deuxième année doit comprendre de même tous les principes relatifs à l'emploi, à la mise en action de ces mêmes armées, soit sur les théâtres d'opérations, soit sur les champs de bataille, en un mot, toutes les opérations d'une campagne.

Nous remarquerons que la Ire partie prépare la seconde et qu'elles ont toutes deux une égale importance ; car c'est d'une bonne préparation, autant que d'une bonne direction que dépendent les succès à la guerre. Le règne de Philippe de Macédoine prépara les succès d'Alexandre ; le règne de Frédéric-Guillaume prépara ceux de Frédéric II ; enfin le Consulat prépara l'Empire.

La marche que nous allons suivre est basée sur la réalité ; elle est calquée sur la marche habituelle des opérations ; enfin elle est en rapport avec les divers objets du cours d'art militaire, que nous allons maintenant indiquer.

Le cours peut être considéré sous plusieurs points de vue :

Il peut d'abord être considéré comme une préparation au service des états-majors ; pour cela il doit faire connaître les principes généraux des différentes opérations de la guerre auxquelles prennent part les officiers d'état-major ; et en même temps le rôle, les devoirs et les fonctions de ces officiers dans les diverses positions qu'ils peuvent occuper.

En second lieu, le cours d'art militaire a encore pour objet de préparer à l'intelligence des opérations d'une campagne. Pour comprendre le sens, la marche, la valeur et l'ensemble de ces opérations, il faut évidemment des études antérieures qui en fassent connaître les principes : sans cela, comme le dit Frédéric II, on marche quand tout le monde marche, on campe quand tout le monde campe, on mange et on se bat de même, c'est-à-dire mécaniquement, sans intelligence, sans intérêt et sans profit. Avec des études préparatoires, au contraire, la moindre pratique développe beaucoup l'instruction ; on comprend les événements dont on est le témoin ; on y prend un grand intérêt, et on peut en tirer un grand profit.

En troisième lieu, nous devons considérer encore le cours d'art militaire comme une préparation à l'étude de l'histoire, et particulièrement à l'étude des campagnes les plus remarquables.

Et c'est là que l'on trouve la véritable source et la base la plus solide de l'instruction militaire.

Nous citerons à ce sujet les paroles suivantes, du prince Charles, du maréchal Gouvion Saint-Cyr et de Napoléon.

« L'on ne devient grand capitaine, dit l'archiduc

« Charles, qu'avec la passion de l'étude et une longue « expérience. Il ne suffit point de ce qu'on a vu soi- « même, car quelle est la vie de l'homme assez fé- « conde en événements pour donner une expérience « universelle, et quel est celui qui aurait l'occasion de « s'exercer dans l'art difficile des généraux avant « d'avoir rempli cet important emploi ? C'est donc en « augmentant son propre savoir des connaissances « d'autrui, en appréciant les recherches de ses prédé- « cesseurs, et en prenant pour terme de comparaison « les exploits militaires et les événements à grands « résultats que nous fournit l'histoire des guerres « qu'on peut s'y rendre habile. »

Le maréchal Gouvion Saint-Cyr dit sur le même sujet :

« Il faut se former à l'art de la guerre par l'étude « approfondie de l'histoire des guerres anciennes et « modernes, mais particulièrement de ces dernières. « Celles du règne de Louis XIV et celles de Frédéric « ont été assez bien décrites pour avoir servi à l'in- « struction de la génération qui s'éteint; celles de la « République et de l'Empire doivent servir à former « la génération qui lui succédera. »

Ecoutons enfin Napoléon, qui dit dans ses Mémoires :

« Alexandre a fait 8 campagnes ; Annibal 17 ; César « 13; Gustave-Adolphe 3; Turenne 18; le prince « Eugène de Savoie 13; Frédéric en a fait 11 en « Bohême, en Silésie et sur les rives de l'Elbe. L'his- « toire de ces 84 campagnes, faite avec soin, serait un « traité complet de l'art de la guerre. Les principes « que l'on doit suivre, dans la guerre offensive, « ainsi que dans la guerre défensive, en découleraient « comme de source. »

Ainsi, d'après les trois autorités que nous venons de citer, les plus grandes certainement que nous puissions invoquer, l'histoire est la source et la base de la véritable instruction militaire, et l'objet principal d'un cours d'art militaire doit être de préparer à cette étude.

Il y a en effet une liaison intime entre l'art et l'histoire militaires.

L'art de la guerre ne fut probablement d'abord que le récit des événements; ce récit devint bientôt de la critique par l'examen des moyens employés; enfin de cette critique, on déduisit un ensemble de principes, de règles, de théories et de méthodes, qui forment aujourd'hui l'art militaire proprement dit.

Cet art a donc suivi la marche de toutes les sciences expérimentales, c'est-à-dire que l'observation des faits a dû précéder la théorie, et c'est de l'histoire du passé que l'on tira l'enseignement de l'avenir.

Il y a par suite une liaison intime, un rapport direct entre l'art et l'histoire militaires. Quand on fait de l'histoire militaire, il faut, si l'on ne veut pas que l'œuvre reste stérile, étudier non-seulement les faits, mais leurs causes, leurs moyens, leurs résultats. Quand on fait de l'art militaire, il faut, pour éclairer et appuyer les principes, invoquer à chaque instant les faits historiques. De sorte que les deux parties de la science dont nous parlons se soutiennent, s'appuient, se complètent mutuellement et doivent marcher ensemble.

Un cours complet d'art et d'histoire militaires devrait présenter d'abord une histoire abrégée des campagnes anciennes et modernes et en déduire ensuite comme conséquences les principes de la guerre.

Nous dirons en passant qu'on trouverait les éléments de cette histoire dans les diverses relations déjà faites, dans les bulletins des généraux, dans leurs rapports, leur correspondance, leurs ordres, leurs instructions, particulièrement dans leurs mémoires, et l'on peut remarquer que presque tous les grands généraux ont laissé des mémoires, depuis Xénophon et César jusqu'à Frédéric, au prince Charles et à Napoléon.

Mais ce travail, cette histoire des campagnes anciennes et modernes, est une œuvre de longue haleine qui demande un temps considérable.

Ne pouvant l'entreprendre ici, nous y suppléerons par des exemples historiques auxquels nous donnerons une large part et qui représenteront l'histoire dans le cours de ces leçons. Ces exemples constitueront des preuves à l'appui des principes; ils éclaireront les théories; ils serviront à développer et à expliquer les idées; enfin ils auront encore l'avantage de parler aux yeux et d'aider l'intelligence.

Nous les puiserons généralement dans l'histoire moderne, à cause de la similitude des armes et de l'analogie des institutions militaires. Néanmoins nous en trouverons quelques-uns dans l'histoire militaire de l'antiquité. « Des observateurs superficiels, témoins « de nos combats modernes, dit à ce sujet le général « Rogniat, concluent sans examen que notre système « de guerre ne peut avoir rien de commun avec celui « des anciens. Mais des observateurs plus exacts re- « marqueront que si la différence des armes en apporte « dans la manière de ranger les troupes et de les faire

« combattre, elle ne peut pas en introduire dans celle « de les lever, de les discipliner, de les mouvoir, de « les ordonner pour la marche, de les endurcir aux « travaux militaires, enfin de les animer au com- « bat. »

En résumé, l'art et l'histoire militaires sont intimement liés; et appuyer les principes par des exemples historiques formera la base de la méthode de nos leçons.

II.

Le droit des gens, interprété par la diplomatie, règle les rapports entre les nations, de même que le droit civil, interprêté par la jurisprudence, règle les rapports entre les individus. Mais quelquefois l'un et l'autre sont impuissants pour arranger certains différends; le droit ne suffit plus, on fait appel à la force; les particuliers se battent en duel et les nations se font la guerre.

« La vie des États, dit Montesquieu, est comme « celle des hommes. Cenx-ci ont le droit de tuer « dans le cas de défense naturelle; ceux-là ont le droit « de faire la guerre pour leur propre conservation. »

On a défini la guerre un duel sur une grande échelle. Un duel est en effet une lutte entre deux individus. La guerre est une lutte entre deux peuples.

La guerre est une loi du monde, dit M. de Maistre, loi de violence et de destruction qui règne d'une manière manifeste dans le vaste domaine de la nature vivante. Elle s'applique d'abord aux animaux; car il n'y a pas un seul instant de la durée où un être vivant ne soit dévoré par un autre. Elle s'applique surtout à l'homme, qui tue les animaux pour se nourrir, se vêtir, se parer, s'instruire et s'amuser; qui tue son semblable pour satisfaire ses passions ou ses intérêts.

Quand on consulte l'histoire, on trouve la guerre à presque toutes les pages, à presque toutes les époques et pendant de longues périodes. En France, des siècles tout entiers ont été ensanglantés par les discordes civiles, par les guerres étrangères, ou par les guerres religieuses. Et depuis quinze ans n'avons-nous pas vu les guerres de Crimée et d'Italie, les expéditions lointaines, la guerre des Indes, celle de la sécession, celle d'Allemagne de 1866? Il n'est pas probable que les siècles futurs soient, plus que ceux qui les ont précédés, complétement à l'abri de la guerre et que l'art dont nous allons nous occuper perde jamais son importance. « La paix est le rêve des sages, mais la guerre est l'histoire des hommes. »

La philosophie, la religion, la raison même réprouvent la guerre. Mais elles ne sauraient en détruire l'usage, parce qu'elles ne sauraient contenir les passions qui l'amènent, ni régler toujours convenablement les intérêts qui la produisent. Les passions qui amènent la guerre sont l'ambition, l'amour de la gloire, l'amour de la patrie, l'instinct de la conservation, le désir de la vengeance, l'amour-propre, la jalousie ou le fanatisme. Les intérêts qui la produisent sont ceux qui tiennent à la constitution des territoires, aux nationalités, au commerce, à l'industrie ou à la religion.

Ce sont là les causes principales des différentes espèces de guerres, que l'on peut classer de la manière suivante :

1° Les guerres d'invasion, amenées par l'esprit de

conquête, comme celles d'Alexandre en Asie, de César dans les Gaules, de Louis XIV en Hollande, de Napoléon en Espagne ;

2° Les guerres nationales, qui sont la contre-partie des précédentes et qui ont pour objet de repousser les conquérants ;

3° Les guerres civiles, comme la Fronde, comme la guerre de Vendée, comme la guerre récente d'Amérique ;

4° Les guerres religieuses, comme celles du XVIe siècle en France, comme la guerre de Trente ans en Allemagne ;

5° Les guerres de convenance, qui ont pour objet de satisfaire à de grands intérêts publics, comme les guerres de Louis XIV pour la frontière de Flandre et pour la succession d'Espagne, comme la guerre de 1803, où l'Angleterre rompit la paix d'Amiens pour satisfaire aux intérêts de son commerce ;

6° Enfin les guerres d'intervention, qui sont aujourd'hui les plus fréquentes, et pour lesquelles on peut distinguer deux manières : la première, qui consiste à intervenir dans les affaires intérieures d'un peuple pour y faire triompher un parti, comme l'intervention de 1823 en Espagne ; la seconde, qui a pour but de protéger une puissance plus faible ou de mettre un frein aux envahissements d'une puissance ambitieuse, comme les interventions de 1832 en Belgique, de 1853 en Orient et de 1859 en Italie.

L'énumération de ces différentes formes sous lesquelles se présente la guerre montre la multiplicité des causes qui peuvent la produire.

Pour nous, nous considérerons la guerre relativement à la manière de la faire, et nous distinguerons seulement deux espèces de guerre : la guerre offensive et la guerre défensive, suivant que l'on attaque ou bien que l'on se défend.

Cependant, à une autre point de vue, nous pouvons ajouter que la guerre se présente sous plusieurs autres aspects.

Il y a d'abord des guerres justes et des guerres injustes. Il est rare que les puissances belligérantes n'invoquent pas toutes deux à la fois, en même temps que la protection divine, la valeur de leurs droits et la justice de leur cause. Souvent elles sont de bonne foi; souvent aussi les raisons exposées dans leurs manifestes ne sont que des prétextes habiles, destinés à masquer des intentions d'ambition ou de conquête. Et je citerai à l'appui le passage suivant des Mémoires de Frédéric II : « Lorsque les souverains veulent en « venir à une rupture, ce n'est pas la matière du ma- « nifeste qui les arrête; ils prennent leur parti, ils « font la guerre et laissent à quelque jurisconsulte « laborieux le soin de la justifier. »

La guerre présente ensuite des inconvénients et des avantages. Les malheurs de la guerre sont bien connus. Elle ravage les campagnes et ruine l'agriculture; elle arrête le commerce et l'industrie; elle décime la population; elle épuise les finances et grossit considérablement la dette de l'État; souvent la guerre est suivie de la famine, de la peste, du choléra ou du typhus; c'est alors un des plus grands fléaux qui puissent affliger l'humanité; c'est ce qui arrive lorsqu'elle s'étend sur un trop vaste théâtre et lorsqu'elle se prolonge trop longtemps.

Mais, d'un autre côté, il faut remarquer que la guerre donne la gloire et la puissance; qu'elle entretient et exalte le courage d'un peuple, son patriotisme, le sentiment de ses droits et de sa dignité, l'amour de son indépendance. « Chacun, dit Machiavel, désire l'al- « liance d'une nation qui s'est fait une réputation par « la guerre, chacun cherche à éviter les coups qu'elle « peut porter. »

« Il y a, dit M. de Maistre, certaines guerres qui « perfectionnent les nations de toute manière et qui « remplacent même bientôt, ce qui est fort extraordi- « naire, les pertes momentanées par un surcroît visible « de population. L'histoire nous montre souvent le « spectacle d'une population riche et croissante au « milieu des combats les plus meurtriers. »

Au point de vue de l'avenir, la guerre est souvent un moyen de civilisation; les mœurs sauvages des barbares se sont adoucies au contact des habitudes romaines, et nous avons porté en Afrique, en même temps que nos armes, tous les bienfaits d'une civilisation avancée.

Souvent encore la guerre ouvre au commerce des routes nouvelles et de nouveaux débouchés. Parfois elle est un dérivatif à des agitations intérieures, et plus d'un Gouvernement l'a employée comme une diversion heureuse.

Enfin nous pouvons rappeler avec Montesquieu que la conquête est souvent utile au peuple vaincu, en renouvelant ses institutions, en retrempant son courage, en réformant ses mœurs, en un mot, en le régénérant.

De sorte que, semblable à l'antique statue de Janus, la guerre présente toujours deux faces, l'une souriante et l'autre sévère; comme toutes les choses de ce monde, elle a des avantages et des inconvénients; elle est quelquefois un bienfait pour l'humanité, mais plus souvent elle en est le fléau.

Dans tous les cas c'est un fléau inévitable. Il faut toujours être prêt à le combattre et savoir parfois aller au-devant de lui. C'est de cette considération que résultent la nécessité et l'importance de l'art militaire.

Quelle que soit en effet la manière dont on considère la guerre, qu'on la désire ou qu'on la redoute, que l'on veuille comme Rome conquérir le monde, que l'on veuille comme Sparte défendre son indépendance et repousser loin de son territoire les malheurs d'une invasion, l'art d'en diriger les opérations n'en est pas moins important. Tous les peuples l'ont senti ; tous ont compris que l'art militaire tenait aux plus grands intérêts de la société et les dominait tous ; que l'agriculture, le commerce, l'industrie, les beaux-arts ne pouvaient fleurir que sous sa protection, et que sur lui reposaient à la fois l'existence des nations et celle des Gouvernements. Tous se sont occupés successivement de l'art de la guerre. Cet art est ancien comme le monde ; escrime chez les barbares, il est devenu une science chez les peuples civilisés.

On peut définir aujourd'hui l'art militaire : l'exposé des principes suivis pour créer, organiser et faire agir les armées modernes.

Ces principes, comme nous l'avons fait remarquer précédemment, sont tirés de l'histoire ; ils sont calqués sur la conduite des grands généraux et particulièrement sur celle des cinq plus grands capitaines de l'époque moderne : Gustave-Adolphe, Turenne, le prince Eugène, Frédéric et Napoléon. L'art de la guerre moderne est leur ouvrage.

Cet art a une importance considérable ; il protége les sociétés ; il conserve les Etats, quelquefois il les crée et les élève ; il préside à l'organisation de l'armée, transforme une multitude confuse en une troupe instruite et obeissante ; il permet ensuite de la faire mouvoir sur le champ de bataille à la volonté d'un seul homme, d'après une seule pensée, celle de son général en chef : « pensée, dit M. Thiers, qui, lorsqu'il « s'agit de Frédéric ou de Napoléon, se développe au « milieu des éclats de la foudre et du bruit des ba- « tailles, avec autant de netteté que celle d'un Newton « ou d'un Descartes dans le silence du cabinet. » En résumé l'art militaire préside à la préparation et à la direction de la guerre ; or, de tous les actes de la vie d'un peuple, la guerre est certainement le plus important ; c'est celui qui a les plus grandes conséquences. Pour s'en convaincre, il suffit de rappeler la guerre de 1866. Que voyons-nous en effet comme résultat de cette guerre ? D'un côté la Prusse agrandie, complétant son territoire, atteignant ses frontières naturelles, augmentant sa population d'un tiers, acquérant la prépondérance dans les affaires de l'Allemagne, ajoutant une page glorieuse à son histoire militaire, enfin obtenant dans le monde une position plus belle et plus respectée. De l'autre côté nous voyons l'Autriche amoindrie, appauvrie, humiliée, diminuée de la Vénétie, perdant son rang parmi les grandes puissances, baissant dans l'opinion et obligée d'abandonner son ancienne influence dans la Confédération germanique. De plus, nous voyons encore, par suite de la même guerre, trois États rayés de la carte de l'Europe et perdant leur indépendance, et un quatrième, la Saxe, réduit à la vassalité. Quel est l'acte de la vie d'un peuple susceptible d'amener des conséquences aussi graves ?

L'art militaire a donc une importance considérable. S'en occuper, c'est faire acte de patriotisme et de bon citoyen, car c'est chercher, sinon à donner à son pays tous les avantages de la victoire, du moins à lui éviter la honte et les désastre de la défaite.

La nécessité de l'art militaire est évidente et ses principes sont aussi indispensables que ceux de l'école de peloton. Quand il s'agit d'organiser et de faire mouvoir cent hommes, il est indispensable d'établir certaines subdivisions, de leur donner des cadres, de convenir de certains commandements. Il faut admettre une instruction préalable des chefs et des soldats ; il faut, en un mot, des principes, des règles, une théorie. Ce qui est vrai pour 100 hommes et pour un peloton, le devient évidemment bien davantage quand il s'agit de 100,000 hommes et d'une armée.

« Rien ne s'obtient à la guerre que par le calcul, « écrit l'Empereur à son frère Joseph, le 6 juin 1806. « Tout dans une campagne demande à être profondé- « ment médité ; toute opération demande à être faite « d'après un système. Le hasard seul ne peut rien faire « réussir. »

Et à Dresde, au mois de septembre 1813, l'Empereur causant avec le maréchal Gouvion-Saint-Cyr, lui disait qu'il voulait faire un livre sur l'art de la guerre, où tous les principes seraient si clairs et si précis que tout le monde pourrait les comprendre et apprendre la guerre comme une science quelconque.

Ainsi donc, l'art militaire est une science positive qui a une importance considérable. Elle a pour classiques les mémoires des grands généraux : ceux de Turenne, de Frédéric, de Napoléon. Et ces ouvrages sont aussi clairs, aussi complets, aussi célèbres que tous ceux qui servent aujourd'hui de bases aux autres sciences expérimentales.

La guerre n'est pas, comme on l'a prétendu, un jeu de la force et du hasard. « C'est un jeu, dit encore « Napoléon, mais un jeu sérieux, où l'on compromet « à la fois sa réputation, ses troupes et son pays. »

C'est bien le triomphe de la force, mais de la force habilement préparée et organisée, guidée par l'intelligence et le génie, agissant d'après les principes de l'art, enfin de la force servie par les plus hautes vertus sociales, le courage, l'abnégation et le dévouement.

Quant au hasard, il a sa part dans les circonstances de la guerre ; mais l'art consiste à la lui faire aussi petite que possible, et les principes ont précisément pour objet de maîtriser la fortune à force de prudence, de sagesse et de calcul.

L'expérience et la pratique de la guerre, malgré leur utilité évidente, ne sauraient remplacer les principes de l'art militaire, ni suppléer à la théorie. La guerre présente en effet tant de conditions diverses que la pratique ne peut suffire à apprendre tout ce qui en dépend ; de plus, la vie de l'homme est si courte qu'il ne peut prétendre tout expérimenter par lui-même et qu'il a besoin de s'appuyer à la fois sur les recherches de ses prédécesseurs et sur les connaissances d'autrui ; enfin, pendant les longues périodes de paix, les principes de l'art de la guerre s'effaceraient s'ils n'étaient fondés que sur l'expérience personnelle et chaque génération devrait alors recommencer le travail des générations précédentes.

Il faut donc s'occuper d'abord des principes et tâcher plus tard d'y joindre la pratique.

Certains auteurs ont défini l'art de la guerre : l'escrime de l'armée. Il y a en effet une certaine analogie entre l'art militaire et l'escrime. L'un et l'autre offrent un certain nombre de combinaisons qui se rapportent aux circonstances les plus fréquentes des luttes individuelles ou des luttes d'armées.

Mais il faut savoir adapter ces combinaisons aux lieux, aux hommes et aux choses, et savoir encore les exécuter avec précision, énergie et à-propos.

De plus, il faut se rappeler qu'à la guerre l'instrument dont on se sert, l'armée, n'est plus un élément inerte, mais un élément vivant, variable, susceptible d'enthousiasme et de découragement; ce qui fait pressentir, qu'indépendamment de sa partie positive l'art de la guerre présente encore une partie morale, qui est fort importante, qui joue un grand rôle et dont il y aura lieu de dire quelques mots à la fin du cours.

Telles sont les considérations générales relatives à la nécessité et à l'importance de l'art militaire. Jetons maintenant un coup d'œil sur l'origine de cet art et sur sa marche à travers les siècles; nous arriverons ainsi naturellement au seuil de l'art militaire moderne, qui sera notre point de départ.

III.

Coup d'œil rapide sur l'histoire de l'art militaire. — Nous divisons l'histoire militaire en deux grandes époques.

La première comprend les trente siècles écoulés avant l'invention des armes à feu et se décompose en trois périodes secondaires : la période grecque, la période romaine et le moyen âge.

La deuxième époque commence à l'invention des

armes à feu et arrive jusqu'à nos jours. Elle comprend environ cinq siècles et se décompose aussi en trois périodes secondaires, savoir : la période de renaissance, lorsque les armes à feu commencent à paraître sur les champs de bataille, mais sous la forme de canons et de bombardes ; la période de transition, celle de Henri IV et de Gustave-Adolphe, au moment de la guerre de Trente ans et jusque vers la fin du XVIIe siècle, lorsque les armes à feu sont devenues portatives, mais sont encore mélangées avec les anciennes armes; enfin, la période moderne, depuis la disparition des piques et l'invention de la baïonnette, c'est-à-dire la période de Frédéric et de Napoléon.

Parcourons rapidement ces deux époques et ces six périodes.

PREMIÈRE ÉPOQUE. Première période. — L'histoire de l'art militaire commence avec l'histoire des hommes. Chez les barbares et dans les sociétés primitives, l'art ne consiste que dans l'escrime de quelques armes grossières et dans la connaissance de quelques stratagèmes analogues à ceux que pratiquent encore les Indiens.

Bientôt l'art se perfectionne avec la civilisation et nous le rencontrons chez les Mèdes, les Assyriens et les Egyptiens, premiers peuples dont l'histoire nous ait conservé le souvenir.

Nous rencontrons aussi l'art militaire aux premières pages de l'histoire grecque. Eschyle et Homère décrivent, l'un la guerre de Thèbes, l'autre la guerre de Troie, les deux premières guerres connues.

Bientôt Hérodote, Thucydide et Xénophon nous donnent des renseignements détaillés sur les institutions militaires des peuples de la Grèce. Nous en rappellerons les principaux traits. On trouvait dans une armée grecque trois espèces de fantassins : d'abord les *oplites* couverts d'un casque, d'une cuirasse, d'un bouclier et armés de piques de 24 pieds ; puis les *peltastes*, différents des premiers en ce qu'ils avaient des boucliers plus petits et des piques moins longues; enfin des *psilites* ou fantassins légers qui n'avaient pas d'armes défensives et qui combattaient avec l'arc et la fronde. On y trouvait deux espèces de cavaliers : les cataphractes armés de toutes pièces et les cavaliers légers. On y trouvait enfin des chars et des machines ; ces dernières lançant des pierres ou des traits étaient surtout employées dans les siéges.

Une armée grecque complète, et l'on n'en trouve guère qu'un exemple, celle d'Alexandre, se composait de 16,000 oplites, 8,000 peltastes, 4,000 psilites et environ 4,000 cavaliers formant à peu près 1/6 de l'infanterie, en tout 32,000 hommes.

L'ordre de bataille de cette armée s'appelait la *phalange*.

Dans la phalange, les 16,000 oplites étaient formés en bataille sur 16 rangs de profondeur et 1,000 hommes de front. Chaque file était commandée par un chef de file qui combattait au premier rang; le commandement des autres officiers s'étendait sur un plus ou moins grand nombre de files suivant leur grade. Les flancs de cet ordre de bataille étaient couverts par les 8,000 peltastes répartis en nombre égal sur les deux ailes et rangés seulement sur 8 de profondeur. Les psilites étaient répartis en tirailleurs devant le front et la cavalerie se trouvait sur les flancs.

Dans le combat les oplites se serraient et les 8 premiers rangs croisaient leurs longues piques, tandis que les 8 derniers les tenaient hautes, se tenant prêts à soutenir les premiers et à remplacer les blessés.

Tel était l'ordre de bataille des Grecs, dans les temps ordinaires. Ils savaient le modifier suivant le terrain et suivant les circonstances, ainsi que le fit Epaminondas à la bataille de Leuctres.

Quant au recrutement, il différait suivant l'état politique des différents peuples de la Grèce. Cependant tous les citoyens étaient généralement soldats et le sort ou le choix désignait ceux qui devaient marcher.

Ce sont là les principaux traits relatifs à l'organisation des armées grecques et à la première période de l'histoire de l'art militaire; les événements de guerre principaux sont les guerres médiques, la guerre du Péloponèse, la guerre de Sicile, la retraite des Dix-Mille et enfin l'expédition d'Alexandre.

Seconde période. — Aux Grecs succédèrent les Romains.

Sous le rapport du *recrutement*, ils levaient leurs troupes au moyen d'une méthode qu'ils nommaient *élection*, parce que les magistrats choisissaient les citoyens qui leur paraissaient les plus propres au service militaire et les répartissaient avec égalité dans les diverses unités de l'armée. Le service militaire était obligatoire pour les Romains de 17 à 50 ans.

Sous le rapport de l'organisation, l'unité principale, la *légion*, se composait de 4,500 hommes environ, comprenant 4 classes de soldats, savoir : 1,200 vélites ou fantassins légers armés de flèches et de frondes; 1,200 hastaires, organisés en 10 manipules, c'est-à-dire en 10 petits rectangles de 12 hommes de front sur 10 de profondeur et disposés sur une première ligne avec des intervalles égaux au front de chaque manipule ; il y avait ensuite 1,200 princes formant 10 manipules de 2e ligne et disposés vis-à-vis des intervalles de la 1re à environ 100 mètres de distance; enfin 600 triaires formant 10 manipules de 6 hommes de front sur 10 de profondeur placés en 3e ligne à 100 mètres de distance et présentant toujours par rapport à la 2e ligne, la disposition en échiquier. La cavalerie de la légion se composait de 300 chevaliers. On y trouvait de plus des machines de jet et quelquefois des éléphants. Le front de la légion était d'environ 1,700 pieds romains et la profondeur d'environ 650.

L'armement du légionnaire comprenait comme armes défensives, le grand bouclier demi-bombé et en forme de tuile, le casque, la cuirasse et le brodequin de fer ou d'acier; comme armes offensives, l'épée espagnole, à lame courte, droite, tranchante des deux côtés et le *pilum* servant à la fois de javelot et de pique.

Le manipule était commandé par un premier et un deuxième centurion ; la légion par un tribun ; l'armée par un consul.

L'armée consulaire comprenait deux légions romaines et deux légions alliées ; sa force était d'environ 20,000 hommes. Quand les circonstances l'exigeaient, on doublait les armées consulaires et comme il pouvait y avoir deux doubles armées consulaires, les Romains pouvaient présenter 80,000 hommes à l'ennemi. C'est ainsi qu'ils étaient organisés à la bataille de Cannes.

Leur ordre de bataille comprenait alors les deux légions romaines au centre, les deux légions alliées aux ailes et la cavalerie sur les flancs. Devant les légions se trouvaient les vélites qui combattaient en tirailleurs, harcelaient l'ennemi à coups de traits et de pierres, et entamaient le combat. Ils se retiraient en arrière quand les lignes opposées s'approchaient et en venaient aux mains. Les hastaires formant la première ligne, couraient alors sur l'ennemi, lançaient leurs javelots à 12 ou 15 pas, mettaient aussitôt l'épée à la main et engageaient le combat corps à corps. Les derniers rangs soutenaient les premiers et remplaçaient successivement les hommes tués, blessés ou fatigués. Les princes combattaient de la même manière et succédaient aux hastaires quand ceux-ci étaient épuisés. Les triaires se tenaient en réserve, un genou à terre, couverts de leurs boucliers. S'ils voyaient que les princes lâchaient pied, ils se relevaient aussitôt, ralliaient les princes et les hastaires, les recevaient dans leurs rangs, formaient une sorte de phalange serrée et marchaient en avant. L'ennemi épuisé par deux combats successifs, tenait rarement contre cette troisième attaque. Ce genre de combat était évidemment basé sur les mêmes principes que nos batailles modernes, où l'on renouvelle trois fois l'engagement au moyen des deux lignes et de la réserve.

Quant au *système de guerre* des Romains, leur stratégie ressemblait beaucoup à la nôtre: seulement ils campaient près de l'ennemi sans rechercher les positions, parce que leurs camps fortifiés avec soin et régularité en tenaient lieu. Lorsqu'il s'agissait de combattre, l'armée sortait de son camp situé généralement à une petite distance de celui de l'ennemi. Le général romain haranguait ses troupes pour les animer au combat et l'action s'engageait comme nous l'avons dit précédemment.

Dans les marches, les armées consulaires marchaient ordinairement sur 10 hommes de front et assez serrées pour n'occuper que 15 à 1,600 mètres de profondeur.

La journée moyenne était de 7 lieues. On partait à 3 heures du matin, on arrivait à 10 heures ; il restait alors le temps d'établir et de fortifier le camp.

Les traits que nous venons d'esquisser se rapportent particulièrement aux beaux temps de la république, depuis Camille jusqu'à Marius. Ce dernier réunit les trois manipules correspondants de princes, de hastaires et de triaires et forma la cohorte. La légion comprit alors 10 cohortes qui se rangeaient suivant les circonstances sur 2 ou sur 3 lignes.

Si l'on veut établir quelque analogie entre l'organisation des armées romaines et celle des armées modernes, on peut dire que le manipule correspond à notre peloton, la cohorte au bataillon et la légion à la division.

Sous Tibère, d'après Tacite, les forces de l'empire avaient pris un grand développement. Elles se composaient de 25 légions romaines, d'un nombre à peu près égal de légions alliées, de 9 cohortes urbaines fortes de 1,000 à 1,500 hommes chacune, résidant à Rome, enfin de 3 flottes, celles de Ravenne, de Misène et de Fréjus. Les légions romaines étaient réparties de la manière suivante : il y en avait 8 sur le Rhin pour la Gaule et la Germanie ; 3 en Espagne ; 2 en Afrique ; 2 en Egypte ; 4 en Grèce et en Asie-Mineure; 2 en Pannonie ; 2 en Médie et 2 en Dalmatie.

Tel est le tableau des institutions militaires du peuple romain et de la seconde période de l'histoire de l'art militaire dont les détails se trouvent particulièrement dans les ouvrages de Tite-Live, Polybe, César, Tacite et Végèce. Les événements de guerre les plus importants sont les guerres Puniques, les guerres des Cimbres, les expéditions lointaines de Sylla, de Lucullus, de Pompée et enfin les campagnes de César vers l'an 50 av. J.-C.

Troisième période. — La troisième période ou période du moyen âge commence au Ve siècle et finit au XIVe. C'est une période d'anarchie, de ténèbres, de décadence.

L'art militaire disparaît avec l'empire romain. Les barbares, Germains, Goths, Vandales, Huns ou Francs ne doivent généralement leurs succès qu'à leur courage, à leur impétuosité et surtout à la lâcheté des Romains de la décadence.

Les conquêtes des barbares amènent le système féodal. Les armées se composent principalement de cavaliers bardés de fer qui cherchent surtout à se distinguer par la prouesse, la force corporelle et les actions individuelles. Ces armées ne sont plus que temporaires. Rassemblées pour une expédition et pour quelques mois, elles marchent sous les ordres du roi, de ses ducs et de ses comtes, mais sans solde, sans magasins, sans discipline, vivant de pillage et de rapine.

Cependant on trouve aussi dans les armées de la période dont nous nous occupons, des éléments d'organisation, tant il vrai que l'art militaire est indispensable, et qu'il est impossible de remuer des masses d'hommes sans principes, sans théorie, en un mot, sans une science de la guerre.

Une armée du moyen âge est ordinairement divisée en plusieurs *batailles*, trois, quatre ou cinq, représentant les différentes lignes de nos armées modernes, ou bien les diverses parties de nos ordres de bataille, ailes, centre ou réserve. Chaque bataille est composée d'un certain nombre de bannières, 15, 20 ou 30. Enfin chaque bannière, sous les ordres d'un chevalier banneret, comprend un certain nombre de lances, 60 en moyenne, et correspond à l'un de nos escadrons. Quant à l'infanterie, elle est organisée en bandes, routes ou enseignes ; mais méprisée et mal armée, elle ne joue qu'un rôle secondaire ; une partie est employée comme infanterie légère; ce sont les archers et les arbalétriers. Cependant sous la 2me race apparaissent les milices des communes que les rois de France établissent pour contrebalancer l'influence de leurs grands vassaux. Philippe-Auguste, dans le même but, prend à sa solde des mercenaires ou soudoyers; mais comme ils ne sont pas permanents, la paix les transforme en hordes de pillards, de routiers ou d'écorcheurs ; un des plus grands services rendus par Duguesclin à la France est de conduire ces bandes en Espagne et de nous en débarrasser momentanément.

En résumé, les armées du moyen âge sont très-inférieures aux armées romaines sous le rapport de l'organisation, de la discipline et de la tactique. Charlemagne peut-être eut des troupes mieux organisées; mais l'histoire ne nous a laissé à ce sujet que des détails fort incomplets, et les capitulaires ne nous apprennent rien de bien intéressant.

Cette troisième période de l'histoire de l'art de la guerre est la moins connue de toutes et la moins riche en documents historiques. On ne possède à ce sujet que des chroniques parmi lesquelles nous distinguerons celles de Joinville et de Froissard.

Les événements de guerre du moyen âge sont les expéditions de Charlemagne, les invasions des Normands, les croisades et les guerres des Anglais. Malgré leur importance historique, ces événements n'offrent qu'un intérêt très-secondaire au point de vue de l'art.

Nous remarquerons en terminant que le temps dont nous parlons est celui de la chevalerie, qui s'est formée après Charlemagne en même temps que le système féodal et qui présentait alors un frein très-salutaire aux passions et aux caractères d'hommes encore à demi sauvages.

DEUXIÈME ÉPOQUE. — La deuxième époque de l'histoire militaire commence vers le milieu du XIVe siècle, au moment de l'invention ou plutôt de l'emploi de la poudre. Elle se divise en trois périodes que nous avons indiquées plus haut et que nous allons parcourir rapidement.

Première période. — Nous l'avons appelée la période de renaissance. Elle s'étend du XIVe siècle au XVIe. C'est une période de renaissance pour l'art militaire et pour tous les arts à la fois. C'est le moment non-seulement de l'invention de la poudre, mais encore de l'invention de la boussole et de l'imprimerie. C'est le moment où l'on étudie et où l'on imite les anciens. Enfin c'est le moment de la renaissance de l'infanterie, qui se fait remarquer en Suisse, en Hollande, en Allemagne et en Italie, dans des guerres d'indépendance. Les armes à feu doivent lui donner une importance de plus en plus considérable et au système féodal vont succéder des organisations plus régulières et plus savantes, qui auront pour bases les armées permanentes.

Les armées de cette période comprennent d'abord de la cavalerie, organisée par Charles VII, en compagnies d'ordonnance, de gendarmes et de chevau-légers. Les gendarmes se comptent par nombre de lances et chaque lance équivaut à 6 cavaliers.

Elles comprennent ensuite de l'infanterie armée de piques, organisée en bandes de 5 à 600 hommes et se formant pour le combat en gros bataillons carrés de plusieurs milliers d'hommes. C'est l'infanterie de ligne. Il y a en même temps de l'infanterie légère formée d'archers et d'arquebusiers. Ces derniers sont encore peu nombreux à cause de la pesanteur, de la grossièreté de l'arme et des difficultés de son maniement. A la fin de la période on ne compte guère que 100 arquebuses pour 1,000 lances ou hallebardes.

Enfin les armées des XIVe, XVe et XVIe siècles comprennent une artillerie nombreuse qui, quoique lourde et peu mobile, est cependant fort redoutable à la gendarmerie encore bardée de fer et couverte de pesantes armures ; elle fait également éprouver de grandes pertes à l'infanterie encore armée de piques et présentant une grande profondeur.

Cette artillerie joue un grand rôle dans les guerres du temps. C'est avec les canons de Jean Bureau, son grand-maître de l'artillerie, que Charles VII, dans la deuxième partie de son règne, reprend les villes dont les Anglais s'étaient emparés. Sous le règne suivant, Charles le Téméraire traîne dans ses expéditions une grande quantité de canons et de bombardes. Quelques années plus tard, Charles VIII entre dans Rome à la tête d'une armée pourvue d'une nombreuse artillerie qui se compose de 36 canons de bronze, de longues coulevrines, d'une centaine de fauconneaux et qui fait l'admiration et la terreur de l'Italie. Enfin il en est encore de même dans les armées de Louis XII et de François Ier.

Les ordres de bataille se composent de quelques gros carrés d'infanterie tout hérissés de piques ; de grandes batteries d'artillerie, avantageusement postées, bien protégées, mais immobiles ; de nombreux escadrons de gendarmerie chargeant en haie entre les intervalles ; enfin d'arquebusiers et d'enfants perdus jouant le rôle de nos tirailleurs actuels.

Ce qui caractérise donc la première période de la deuxième époque de l'histoire de l'art militaire, c'est la présence dans les armées d'armes à feu non portatives, canons, bombardes, coulevrines ou fauconneaux, en un mot, c'est l'apparition de l'artillerie.

Les événements militaires principaux sont : la fin de la guerre des Anglais, les expéditions de Charles le Téméraire et les guerres d'Italie.

Les écrivains militaires les plus remarquables sont : Commines, qui vivait sous Louis XI ; Machiavel, sous Louis XII; puis Du Bellay, sous François Ier, et Brantôme, sous les Valois.

Deuxième période. — Elle commence vers le milieu du XVIe siècle, au moment où les armes à feu suffisamment perfectionnées sont devenues réellement armes portatives. Mais comme ces premières armes à feu ne sont encore que des armes de jet, il faut conserver une partie des armes de main. On trouve alors comme caractère particulier des armées de ce temps le mélange des piquiers et des mousquetaires et cette deuxième période est une période de transition.

Sous le rapport de l'organisation, nous voyons apparaître les régiments créés vers 1562, puis les brigades créées par Gustave-Adolphe et introduites en France par Turenne qui les perfectionne.

L'infanterie est armée de piques et de mousquets. Les piquiers forment la 1/2, puis le 1/3, enfin le 1/4 de l'ordonnance et occupent le centre. Les mousquetaires sont placés aux ailes. Ils adoptent le mousquet au lieu de l'arquebuse, la giberne au lieu de la bandoulière et ils se servent de cartouches dont le roi de Suède vulgarise l'emploi. Le nombre des rangs diminue successivement de 10 à 6, au fur et à mesure du perfectionnement des armes à feu.

La cavalerie abandonne un moment les armes blanches pour les armes à feu; mais Gustave-Adolphe la ramène bientôt aux vrais principes de l'arme en la faisant charger l'épée à la main. Elle se forme sur 3 et 4 rangs de profondeur.

L'artillerie reçoit de Gustave-Adolphe de nombreux perfectionnements. Il la divise en artillerie de siége et artillerie de campagne. Il rend cette dernière très-légère et très-nombreuse.

L'ordre de bataille tend à s'amincir et à s'étendre; il se compose généralement de deux lignes d'infanterie au centre, avec deux ailes de cavalerie et avec l'artillerie devant le front vis-à-vis des intervalles.

Ajoutons que l'armée de Gustave que l'on peut présenter comme type des armées de l'époque, manœuvrait en silence et avec rapidité, était vêtue d'habits uniformes, soumise à une discipline sévère, rompue à la marche et ne redoutait pas les rigueurs de la température.

Les principaux généraux de ce temps sont : Maurice de Nassau, le duc de Rohan et Henri IV, tous trois élèves de Coligny; puis Gustave-Adolphe, Montecuculli, Turenne et Condé.

Les événements de guerre les plus remarquables sont les guerres de religion, la guerre de 30 ans et les deux premières guerres du règne de Louis XIV. Enfin les écrivains militaires de cette deuxième période sont:

le duc de Rohan, Montluc, Lanoue, Sully, Montecuculli et Turenne.

Au commencement du XVIII siècle, l'invention des baïonnettes à douille fait définitivement abandonner les piques. Les armées prennent une nouvelle physionomie et alors commence la troisième période de la deuxième époque de l'histoire de l'art militaire.

Troisième période. — Cette période n'est autre que la période moderne, celle dans laquelle nous nous trouvons encore aujourd'hui. Elle commence vers 1704 et elle comprend la fin du règne de Louis XIV, les règnes de Louis XV et de Louis XVI, la République, l'Empire et les temps actuels.

Nous ne nous étendrons pas sur cette période en ce moment, puisque c'est elle que nous devons étudier dans le cours de nos leçons. Nous n'en citerons pas non plus les écrivains militaires, parce que nous aurons fréquemment l'occasion d'invoquer leur autorité.

Nous rappellerons seulement que les principaux événements sont : les campagnes de la guerre de la Succession, celles de Maurice de Saxe, de Frédéric, de la Révolution, de l'Empire et enfin nos campagnes récentes.

Nous dirons encore que les généraux les plus remarquables de cette période, sont : Villars, le prince Eugène et le duc de Marlborough ; le maréchal de Saxe et les principaux généraux de Frédéric ; Hoche, Jourdan, Pichegru, Kléber, Lecourbe, Moreau, l'archiduc Charles, le baron de Kray et Souvaroff ; nos maréchaux de l'Empire, Masséna, Ney, Soult, Lannes, Davoust et avec eux Barclay de Tolly, Blücher et Wellington ; enfin les généraux des campagnes d'Afrique, de Crimée, d'Italie, d'Amérique ou de Bohême qui occuperont, comme leurs devanciers, une grande place dans l'histoire. Mais les deux grands noms qui dominent cette période sont ceux de Frédéric et de Napoléon. Nous terminerons en rappelant les progrès dus à chacun d'eux.

Frédéric augmente la vivacité et la justesse des feux, l'ordre et la rapidité dans les manœuvres ; il prescrit la charge en carrière à la cavalerie ; il allége l'artillerie et en met une partie à cheval. En résumé, il perfectionne la tactique ou l'art de gagner les batailles.

Napoléon au contraire agrandit surtout les combinaisons de la stratégie, c'est-à-dire l'art de diriger les opérations d'une campagne. Avec lui plus de tentes, plus de magasins ; des marches rapides, des engagements à fond ; tel est son système. Il faut y joindre un grand talent d'organisation, une activité remarquable, un coup d'œil rapide et sûr, un esprit d'ordre qui embrasse à la fois les détails et l'ensemble, enfin une volonté de fer.

Ce sont eux, Frédéric et Napoléon qui, avec les autres grands généraux leurs prédécesseurs, ont fondé l'art militaire dont nous venons de suivre rapidement le développement à travers les siècles. Ce sont eux qui nous serviront de guides dans l'étude que nous entreprenons et pour laquelle nous rassemblerons, comme nous l'avons dit précédemment, dans le cours de première année, tous les principes relatifs à l'organisation des armées, et dans le cours de deuxième année, tous les principes relatifs à leur mise en action.

DEUXIÈME LEÇON.

Institutions militaires des États. — Leurs diverses formes. — Différents éléments qu'elles comportent.

Des armées permanentes. — Raisons qui les rendent nécessaires. — Considérations relatives à la détermination de leur chiffre.

Principes d'organisation des armées permanentes. — Des corps de ligne. — Leurs diverses unités. — Leurs cadres. — De la hiérarchie. — Des corps hors ligne.

I.

Toutes les sociétés reposent sur un ensemble de lois, de principes et de traditions qui forment leurs institutions. C'est ce que l'on appelle en général les institutions sociales ou l'ordre social. Ces institutions sont ordinairement le résultat d'une longue suite de siècles ; cependant quelques législateurs ont été appelés à créer de toutes pièces un ordre social, comme Solon, Lycurgue ou Numa dans l'antiquité ; comme Pierre le Grand, Washington ou Sieyès à l'époque moderne. Et dans ce cas, les législateurs doivent, d'après Montesquieu, s'efforcer de mettre les institutions dont ils sont les auteurs en rapport avec le caractère particulier du peuple, avec son histoire, sa religion, et avec les influences du climat qu'il habite.

Les institutions sociales se divisent en institutions politiques, institutions civiles, institutions religieuses et institutions militaires. Les premières servent à constituer les différentes sortes de gouvernement; les secondes règlent les rapports administratifs et judiciaires des citoyens, soit entre eux, soit avec les diverses autorités du pays; les institutions religieuses président à l'organisation des différents cultes; enfin les institutions militaires comprennent les lois, les principes ou les traditions qui déterminent l'organisation et l'emploi de tous les éléments de la force publique d'un pays, c'est-à-dire de tous les moyens et de toutes les ressources que possède un peuple pour constituer la guerre.

Nous avons dit que l'on pouvait considérer la guerre sous deux points de vue ; que l'on pouvait la désirer ou la redouter. Dans l'un comme dans l'autre cas, il faut toujours être prêt à la soutenir. C'est pour cela que tous les peuples ont eu et ont encore ce que nous venons d'appeler des institutions militaires, ce que l'on appelle aussi en d'autres termes ayant à peu près la même signification : un système, une organisation, ou un établissement militaires. Et c'est au moyen de ses institutions ou de son système militaire qu'un peuple crée, entretient et perfectionne pendant la paix l'ensemble des moyens, personnels et matériels, qui sont nécessaires pour faire la guerre.

L'existence et la grandeur des États dépendent de leurs institutions militaires. Lorsque ces institutions sont négligées par un gouvernement indolent ou malhabile, il faut s'attendre à de grands désastres; lorsqu'au contraire elles ont été perfectionnées par un souverain intelligent, animé à la fois de l'amour de la gloire et de l'amour de son pays, on peut espérer de brillants succès, des victoires éclatantes et des agrandissements de territoire.

Les institutions militaires doivent donc être l'objet d'études sérieuses et de perfectionnements constants, tout en se rappelant avec Montesquieu que les institutions d'un peuple sont l'œuvre du temps, qu'il ne faut pas confondre le progrès et l'instabilité, et que tout en laissant une large voie aux améliorations, il ne faut admettre cependant que celles qui ont été convenablement raisonnées; il faut se rappeler encore avec M. de Saint-Germain que l'homme ne s'accoutume point à des changements continuels,qui lui inspirent de la défiance.

Le progrès des institutions militaires est, du reste, lié à celui de la civilisation, et particulièrement au progrès des sciences exactes, de l'industrie et de l'éducation populaire; les sciences exactes et l'industrie assurent la supériorité de l'armement et du matériel des armées; l'éducation populaire non-seulement éclaire les esprits, mais encore élève les âmes, en leur inspirant l'idée du devoir, le sentiment de l'honneur et l'amour du pays.

Les institutions militaires ont varié avec les époques, et elles varient encore avec les peuples.

Elles se présentent avec des formes plus ou moins perfectionnées suivant que la civilisation est plus ou moins avancée.

Dans la leçon précédente, en jetant un coup d'œil sur l'histoire de l'art de la guerre, nous avons vu les principaux traits des institutions militaires de la Grèce et de Rome. Ces institutions étaient bien étudiées, bien calculées et se trouvaient en rapport avec l'état avancé de la civilisation des deux peuples. On y trouvait des principes d'organisation appropriés à la nature des armes, des méthodes de recrutement qui amenaient dans les armées l'élite des citoyens, des moyens de discipline qui servent encore de modèle aujourd'hui, des systèmes d'instruction pratiqués en grand sur le champ de Mars et s'appliquant aux nations tout entières; enfin l'on trouvait chez les anciens les divers éléments que nous retrouverons tout à l'heure dans les systèmes militaires modernes.

Puis, avons-nous dit, la décadence de Rome amène la décadence de l'art militaire. Les barbares n'avaient ni organisation, ni discipline. Chez eux la nation ou plutôt la tribu tout entière se portait au combat. Les femmes, les vieillards, les enfants prenaient part à la guerre et organisaient la défense de leurs camps de chariots. C'est le système des tribus primitives avec les éléments les plus grossiers et les plus rudimentaires.

Au temps de la féodalité, le baron appelait sous sa bannière ses hommes d'armes et ses vassaux. Il les conduisait au rendez-vous de son suzerain. Chacun prenait des vivres pour quinze jours, et c'est ainsi que se rassemblaient les armées. Pour le combat, les chevaliers formaient leurs lourdes *batailles*, où la prouesse tenait lieu de tactique, tandis que l'infanterie méprisée se tenait prête à piller ou à fuir.

Enfin Charles VII crée la première armée permanente. Ce fait est le symptôme de la renaissance de l'art de la guerre et en même temps le point de départ de l'histoire de nos institutions militaires modernes. Ces institutions se perfectionnent peu à peu pendant les XVIe et XVIIe siècles; et après Louis XIV, au commencement du XVIIIe, nous trouvons non-seulement en France, mais chez toutes les puissances de l'Europe, un ensemble à peu près complet d'institutions militaires. Cet ensemble, modifié par Frédéric et par Napoléon, subsiste encore aujourd'hui. On le retrouve chez toutes les grandes nations européennes, sous une forme beaucoup plus perfectionnée que par le passé, ayant suivi partout les progrès de la civilisation et de l'état social, reposant partout sur les mêmes principes, offrant partout les mêmes éléments, mais présentant seulement pour chaque peuple les différences qui résultent de la diversité des mœurs, des caractères et des institutions politiques.

Les principaux éléments des institutions militaires d'un État sont les suivants :

On trouve chez tous les peuples de l'Europe une masse d'hommes armés, formant ce que l'on appelle l'armée permanente du pays. C'est là le fait le plus saillant qui se présente tout d'abord aux yeux de l'observateur; c'est en même temps le premier et le plus important de tous les éléments du système militaire d'un peuple; et l'étude de l'organisation de l'armée permanente d'un État forme évidemment la première partie de l'étude de ses institutions militaires.

Derrière l'armée permanente, on trouve ensuite des réserves qui ont pour but de renforcer l'armée, et, en cas de danger, de faire concourir toute la population valide du pays à sa défense. Le système des réserves constitue donc le second élément de l'organisation militaire d'un peuple.

Puis on trouve un système de recrutement destiné à remplir les cadres de l'armée et à les entretenir au complet.

En quatrième lieu, il y a des moyens de discipline, qui comportent à la fois des punitions et des récompenses, qui assurent ainsi l'obéissance des inférieurs aux supérieurs et par suite le fonctionnement de l'armée.

Comme cinquième élément des institutions militaires d'un État, nous trouvons un ensemble de méthodes d'instruction qui ont pour but de préparer l'armée aux divers objets qu'elle doit remplir.

Ensuite viennent les principes d'administration, au moyen desquels on assure les divers besoins des troupes et auxquels se rattachent les différents services administratifs.

Enfin chaque peuple possède des établissements, arsenaux, ateliers, casernes, magasins, hôpitaux, places fortes qui répondent aux diverses nécessités de la guerre et qui forment le dernier élément de son système militaire.

De sorte que, en résumé, les institutions militaires modernes présentent sept éléments principaux, savoir : une armée permanente, des réserves, un système de recrutement, une organisation disciplinaire, des méthodes d'instruction, des principes d'administration et un ensemble d'établissements militaires. Et par suite nous distinguerons, dans l'étude des institutions militaires d'un peuple, sept parties principales correspondant aux sept éléments que nous venons d'énumérer. Nous les verrons successivement en indiquant d'abord les principes généraux qui leur servent de bases et en examinant ensuite comment ces principes sont compris et appliqués chez les diverses puissances militaires de l'Europe.

II.

Nous devons nous occuper d'abord des armées permanentes.

En France, la première armée permanente fut créée par Charles VII, après les guerres des Anglais. Elle était forte de 9,000 lances et de 16,000 francs-archers. Louis XI perfectionna cette institution, quoique abandonnant les francs-archers pour prendre des mercenaires. Ses successeurs suivirent son exemple. Cependant on conservait encore l'armée féodale. De sorte que la force publique de la France se composait alors de deux éléments principaux : une armée féodale et une armée permanente. Mais la seconde devint de plus en plus nombreuse et la première finit par disparaître.

Sous Henri IV, l'armée permanente était d'environ 40,000 hommes. Avec Richelieu, vers 1635, elle fut portée à 100,000 hommes. Sous Louis XIV, elle atteignit le chiffre de 300,000, et sous les gouvernements modernes elle a atteint les chiffres de 6 et de 800,000 hommes.

Toutes les puissances européennes imitèrent la France sous ce rapport. Elles eurent aussi des armées permanentes de plus en plus nombreuses, et enfin aujourd'hui il n'y a pas de puissance militaire sans armée permanente, et l'on appelle de ce nom une partie de la nation, instruite, disciplinée, organisée, pourvue de matériel et destinée à assurer la sécurité du pays au dedans et au dehors.

La nécessité d'une armée permanente est basée sur les considérations suivantes :

1° La vie des États a été souvent comparée à celle des individus, comme soumise aux mêmes influences, ayant les mêmes droits, les mêmes devoirs et les mêmes besoins : or, le premier droit, le premier devoir, le premier besoin d'un individu est évidemment de défendre son existence. Il en est de même pour un peuple. Grâce aux progrès de la civilisation, l'individu confie aujourd'hui sa défense à la société; mais le peuple ne peut la confier qu'à son armée. Une armée est donc nécessaire pour protéger la nationalité d'un pays, pour couvrir tous ses biens, en un mot pour défendre son existence contre les invasions étrangères. Une nation peut être parvenue à un haut degré de civilisation ; elle peut posséder tous les avantages, tout le bien-être que procurent un territoire fertile, un commerce étendu, de grandes richesses ; elle peut avoir toutes les jouissances que donnent les arts et l'industrie. A quoi lui serviront tous ces biens, si elle ne peut pas les défendre, si un peuple voisin plus fort, plus pauvre ou plus turbulent, vient fondre tout à coup sur son territoire et le ravager, comme les barbares fondirent sur le Bas-Empire et ravagèrent Rome et Constantinople, comme les Normands sous Charles le Simple fondirent sur la France désarmée et pillèrent, ruinèrent, dévastèrent nos villes et nos campagnes, massacrant les hommes, emmenant les femmes et les enfants en esclavage? Un peuple a évidemment besoin d'une armée pour défendre son existence, comme l'homme primitif avait autrefois besoin d'une arme pour défendre sa vie.

2° Indépendamment de son existence propre, de sa vie intérieure, un peuple a encore une vie extérieure, c'est-à-dire des droits et des intérêts résultant de ses relations avec les peuples voisins. Une armée est encore nécessaire pour les sauvegarder. Nous avons dit précédemment que la guerre avait été définie par certains auteurs : un duel sur une grande échelle ; nous ajouterons que, sans rechercher les duels, un particulier qui veut faire respecter son honneur doit toujours être prêt à les soutenir, et qu'il en est de même pour les peuples. Sans rechercher la guerre, un peuple doit toujours être prêt à la faire ; c'est la meilleure manière de maintenir et de faire respecter ses droits, sa considération, sa puissance et sa dignité.

3° Indépendamment de la sécurité extérieure et du respect de ses voisins, un peuple a encore besoin de tranquillité intérieure. C'est une troisième raison qui le conduit à entretenir une armée permanente destinée à assurer l'exécution des lois, à maintenir l'ordre social, à réprimer les troubles et à contenir les mauvaises passions. On a prétendu qu'une armée permanente pouvait devenir un instrument de despotisme. Cela peut être vrai d'une armée mercenaire, mais non d'une armée nationale, qui se renouvelle fréquemment, qui est toujours profondément imprégnée des sentiments de la population, qui obéit à la puissance de l'opinion publique et qui représente non plus un instrument du pouvoir, mais la nation armée.

4° Autrefois, du temps des armes de main, l'instruction militaire était moins complète qu'aujourd'hui. Les communes, la pospolite, le ban et l'arrière-ban pouvaient se lever au moment du danger et marcher immédiatement à l'ennemi. Maintenant encore la garde nationale, les volontaires ou les landwehr, peuvent servir de corps de réserve et agir en seconde ligne. Mais si l'on veut avoir, au moment de la guerre, une véritable force militaire, il faut absolument, pendant la paix, préparer, instruire et entretenir une armée permanente, car les exigences de l'instruction militaire moderne sont considérables. L'art de la guerre touche à toutes les branches des connaissances humaines et leur emprunte quelques-unes de leurs applications ; il faut plusieurs années pour former des sous-officiers et des officiers subalternes; il faut le travail de la vie presque tout entière pour former des chefs de corps et des généraux. On peut improviser des soldats, mais on ne saurait improviser des cadres. En 1792, nos bataillons de volontaires furent amalgamés avec les régiments de l'ancienne armée; c'est ce qui permit de les présenter en ligne; et en 1831, l'insurrection polonaise avait un noyau de troupes régulières comprenant 12 régiments d'infanterie, 9 régiments de cavalerie et 9 batteries, ce qui explique la vigueur de sa résistance; en Amérique, les confédérés, comme les fédéraux avaient aussi quelques troupes régulières qui servirent de noyaux et de cadres à leurs armées improvisées. Les exigences de l'instruction militaire moderne sont donc une quatrième cause de la permanence des armées.

5° Enfin l'on voit aujourd'hui toutes les puissances de l'Europe s'observer avec inquiétude et entretenir, augmenter ou diminuer leurs armées toutes à la fois, chacune d'elles craignant d'être attaquée et surprise par les puissances voisines. Dans la dernière guerre, la Prusse a mis en campagne 660,000 hommes. Cet effort considérable a déterminé toutes les autres puissances de l'Europe à s'imposer les mêmes sacrifices et à s'organiser d'une manière analogue. De sorte que la cinquième cause de la permanence d'une armée tient à l'existence des armées voisines et à la défiance des gouvernements les uns vis-à-vis des autres. Les Etats-Unis sont sous ce rapport dans une situation exceptionnelle; ils n'ont rien à craindre de leurs voisins : aussi, avant la guerre de la sécession, pouvaient-ils se contenter d'une armée régulière de 16,000 hommes. Et aujourd'hui ils peuvent se contenter de 50,000 hommes. Mais si, au lieu d'occuper un territoire immense, seulement entouré de déserts ou d'États secondaires, ils avaient sur leurs frontières des puissances rivales, également fortes et belliqueuses, les Etats-

Unis suivraient bientôt l'exemple des puissances européennes et auraient aussi leur armée permanente.

Nous remarquerons, du reste, que l'idée de la permanence des armées n'est pas une idée moderne. Chez les Grecs et chez les Romains, les armées semblaient temporaires, parce qu'on les levait au moment de la guerre ; mais elles n'étaient temporaires qu'en apparence ; elles offraient, en réalité, tous les avantages des troupes permanentes, puisque Rome et Sparte ne furent, pendant longtemps, que de grands camps où les citoyens étaient constamment exercés au métier des armes. Les institutions civiles se confondaient ainsi avec les institutions militaires, et, en arrivant sous les drapeaux, les soldats n'avaient plus rien à apprendre : exercices, discipline, obéissance au commandement, ils étaient préparés à tout, par l'éducation et par les travaux du champ de Mars.

Nous remarquerons encore que les armées permanentes, créées en vue de la guerre, rendent aussi de grands services pendant la paix. On peut, en effet, les considérer comme de véritables écoles pratiques, pour la masse de la population qui y trouve, à la fois, une éducation morale, une éducation intellectuelle et une éducation physique. — Sous le rapport moral, l'état militaire est un correctif aux défauts du caractère, aux mauvais penchants, à certains vices d'organisation ; le contact des hommes entre eux les oblige à des égards réciproques, et le respect de la hiérarchie militaire prépare, pour l'avenir, celui de la hiérarchie sociale. Sous le rapport intellectuel, les soldats reçoivent une véritable instruction primaire. Enfin, sous le rapport physique, la variété des exercices, l'habitude de la propreté, la gymnastique, la danse, l'escrime, l'alimentation qui s'améliore chaque jour, et qui est généralement supérieure à celle de l'ouvrier et du paysan, tout tend à perfectionner la race et à exercer une heureuse influence sur la constitution physique de la population.

L'armée permanente d'un État n'est donc pas seulement un instrument de guerre, une sauvegarde et une ancre de salut pour le danger, mais c'est encore une grande école de perfectionnement pendant la paix.

Après avoir établi la nécessité d'une armée permanente, il faut maintenant indiquer les considérations relatives à la détermination de son chiffre.

Il est évident que le chiffre d'une armée permanente doit varier avec les circonstances. On peut distinguer trois circonstances principales ou trois états principaux pour un peuple : l'état de paix profonde, l'état de guerre avec un peuple de force à peu près égale, enfin, la guerre contre une coalition ou contre des forces très-supérieures, ce qui est le cas de la patrie en danger. On distinguera, par suite, trois chiffres principaux pour l'effectif de l'armée : un chiffre minimum ou pied de paix, un chiffre moyen ou pied de guerre ordinaire, et enfin un chiffre maximum ou grand pied de guerre. Nous empruntons ces expressions à une lettre de Napoléon Ier, adressée de Saint-Cloud, le 4 septembre 1806, au ministre de la guerre.

On détermine d'abord le chiffre minimum, qui doit être considéré comme le chiffre normal et habituel, quoiqu'il n'en soit pas toujours ainsi; et on le détermine d'après les considérations suivantes :

1° On considère le chiffre de la population du pays

et, en même temps, la nature de ses occupations; on considère le chiffre de la population du pays, parce qu'il ne faut pas enlever à l'agriculture et à l'industrie une quantité de bras telle qu'elles puissent en souffrir; on considère la nature de ses occupations, parce que les peuples industriels ont, généralement, plus de peine à recruter leurs armées que les peuples agricoles. On établit, ainsi, un certain rapport entre le chiffre de l'armée et celui de la population; ce rapport varie du 1/60 au 1/200 pour les divers États de l'Europe; on a reconnu que la meilleure proportion était, à peu près, celle du 1/100, adoptée en France, en Prusse, en Autriche et en Italie.

2° On considère, dans la détermination du chiffre de l'armée permanente, la portion des revenus de l'État qui peut être affectée à l'entretien de cette armée. Il faut encore, ici, établir entre les deux chiffres un rapport tel, que la charge imposée au trésor par l'armée permanente n'amène pas un déficit dans les ressources annuelles du budget.

3° On considère ensuite l'étendue des frontières et la facilité qu'elles offrent pour la défense. Plus les obstacles naturels qui les forment sont considérables, moins on a besoin de moyens artificiels, c'est-à-dire de places ou d'armées, et l'on peut citer pour exemple l'Angleterre.

4° On examine encore l'état militaire des puissances voisines, leurs alliances, les vues politiques qu'on leur connaît ou qu'on leur suppose, et enfin la nécessité plus ou moins grande de faire sentir son influence au dehors.

5° Enfin on prend en considération les qualités physiques et morales de la population, son aptitude à la guerre, son intelligence, sa facilité d'instruction, les traditions de son histoire et son esprit militaire.

On détermine ainsi le chiffre minimum ou le pied de paix de l'armée permanente. Ce chiffre est d'environ quatre cent mille hommes pour les principales puissances de l'Europe, chacune d'elles cherchant toujours à se tenir au niveau des autres. Il est plus considérable pour la Russie; mais il y a compensation par suite de l'étendue du territoire et de la difficulté des communications ; il est plus faible en Angleterre, mais il y a également compensation par suite de la position géographique de ce pays et de la force de sa marine.

Le chiffre moyen ou le pied de guerre est lié d'une manière intime avec le chiffre minimum ou le pied de paix; ils sont tous deux en relation directe; ils dépendent l'un de l'autre, et connaissant le second, il est facile d'en déduire le premier. L'effectif moyen est en effet celui avec lequel on fait la guerre ; il comporte cent vingt à cent cinquante hommes par peloton et huit cents à mille hommes par bataillon. L'effectif minimum est celui auquel on peut réduire l'armée sans inconvénients ; celui au-dessous duquel les cadres, qui doivent être conservés en tous temps, ne seraient plus employés d'une manière utile, où ils n'auraient plus à commander un nombre suffisant de subordonnés, où leur instruction ne pourrait plus se faire qu'avec difficulté, celui au-dessous duquel l'armée n'aurait plus de consistance ; cet effectif minimum comporte soixante à soixante-quinze hommes par peloton et cinq cents à six cents hommes par bataillon. L'effectif moyen est donc à peu près le double de l'effectif minimum. Ce dernier étant de quatre cent mille hommes, le premier sera d'environ huit cent mille. C'est en effet là le pied de guerre des principales armées européennes.

Enfin, le chiffre maximum ou le grand pied de guerre de l'armée permanente comprend tous les hommes valides du pays. On les appelle comme réserves, volontaires, gardes nationales, levées en masse, landwehr ou landsturm, insurrection, partisans, miquelets, somathènes ou guérillas. C'est l'ancien combat sacré des Ottomans. Le rapport réel de ce chiffre avec la population est de 1/5 ou 1/6. C'est ainsi que les confédérés, dans la guerre de la sécession, sont parvenus à lever près de douze cent mille hommes sur une population de six millions de blancs. Il est rare cependant que l'on arrive à cette proportion. En 1793, la France, qui avait quatorze armées sur ses frontières et douze cent mille hommes sous les drapeaux, la France n'avait atteint que le 1/25 ou le 1/26 de sa population. La Prusse, dans sa dernière campagne, est parvenue à armer environ six cent soixante mille hommes sur une population de dix-sept à dix-huit millions d'habitants, c'est-à-dire également environ le 1/25 de sa population. Mais il faut remarquer que ce sont là des efforts momentanés et qui ne peuvent se prolonger sans ruiner complétement l'agriculture, le commerce et l'industrie du pays. C'est évidemment un état de crise et de crise suprême.

Telles sont les considérations relatives à la détermination du chiffre de l'armée permanente. Et le système militaire d'un État doit être établi de telle manière que l'on puisse passer successivement, rapidement et sans secousse d'une paix profonde à une guerre ordinaire et de celle-ci à une guerre générale, c'est-à-dire que l'on puisse élever progressivement et facilement l'effectif de l'armée du chiffre minimum au chiffre moyen et de celui-ci au chiffre maximum ; il faut ensuite que l'on puisse désarmer aussi facilement que l'on a armé ; en un mot, il faut que l'on puisse faire varier l'effectif de l'armée permanente suivant les circonstances. On parvient à résoudre ce problème et à préparer un peuple à ces trois efforts successifs au moyen du système des réserves, que nous verrons dans la leçon suivante.

III.

L'armée permanente, dont nous venons d'établir la nécessité et la force, n'est encore qu'une masse confuse, sans ordre et sans discipline. Pour en tirer parti, pour la faire agir, il faut l'organiser, c'est-à-dire qu'il faut y établir des divisions et des subdivisions et qu'il faut donner des chefs à chacune d'elles. L'armée pourra alors obéir à la volonté d'un seul homme et réunir tous ses efforts vers un même objet. Un seul homme ne peut pas en commander directement plusieurs centaines de mille. Il a besoin d'intermédiaires qui commanderont sous lui des groupes plus ou moins considérables et qui n'auront affaire directement qu'à un nombre limité de subordonnés. C'est ainsi que le souverain d'un État n'a affaire directement qu'à un certain nombre de ministres ; le ministre de la guerre qu'à un certain nombre de maréchaux ; chaque maréchal n'est en relation directe qu'avec un certain nombre de généraux de division ; chaque général de division avec un certain nombre de généraux de brigade et ainsi de suite jusqu'au caporal d'escouade qui commande directement 8 ou 12 hommes. L'organisation d'une armée est donc le lien qui réunit le général en chef au dernier des soldats qui la composent. Elle a deux buts principaux : d'abord un but tactique, celui d'instruire, de surveiller, de mouvoir et de faire combattre les troupes ; ensuite un but administratif, celui de les administrer et de pourvoir à leurs besoins.

Pour organiser une armée, on commence par réunir, par grouper ensemble les combattants de même nature, et l'on obtient ainsi les trois armes, savoir : l'infanterie, ou réunion des combattants à pied ; la cavalerie, ou réunion des combattants à cheval ; et l'artillerie, qui comprend le personnel et le matériel des bouches à feu. Ces trois armes forment la partie principale de l'armée, la partie active et combattante, celle qui compose les différentes lignes de l'ordre de bataille, celle qui se présente en ligne à l'ennemi ; c'est pourquoi on a appelé ces trois armes *corps de ligne*. Il y a ensuite des *corps hors ligne* qui sont destinés à diriger, seconder ou compléter l'action des corps de ligne. Ce sont les états-majors, les divers services et certains corps spéciaux comme le génie, la gendarmerie, les troupes d'administration et le train des équipages.

Telle est la première distinction que l'on établit dans l'ensemble des divers éléments d'une armée.

On passe ensuite à l'organisation particulière de chaque arme.

Dans l'infanterie, on réunit les hommes par 8 sur le pied de paix, ou par 15 sur le pied de guerre, et l'on forme ainsi de premières unités faciles à commander et à instruire ; on appelle ces unités escouades, et on leur donne des chefs nommés caporaux. De cette manière on avait à commander tout à l'heure, par exemple 300,000 fantassins ; on n'a plus maintenant à s'occuper que de 30,000 escouades environ.

Puis l'on réunit les escouades deux par deux pour former de nouvelles unités, les demi-sections, fortes de 16 à 30 hommes, et commandées chacune par un sergent.

Les demi-sections, à leur tour réunies deux par deux, forment des sections dont la force varie de 30 à 60 hommes et qui sont commandées chacune par un lieutenant ou un sous-lieutenant.

Les sections, réunies deux par deux, forment les pelotons ou les compagnies dont la force varie de 60 hommes sur le pied de paix, à 120 ou 150 sur le pied de guerre, et dont chacun est commandé par un capitaine.

Quatre, six ou huit pelotons sont groupés pour former un bataillon fort d'environ 800 hommes, et commandé par un chef de bataillon.

Enfin, réunissant les bataillons par 2, par 3 ou par 4, on obtient l'unité nommée le régiment, qui date en France du milieu du XVIe siècle, qui est fort de 2,400 à 3,000 hommes, et qui est commandé par un colonel.

Il y a aujourd'hui en Angleterre, et il y a eu dans la dernière guerre d'Amérique, des régiments à un seul bataillon, comme il y en avait du reste en France sous Louis XIV. Mais ce système est évidemment coûteux, parce qu'on entretient des états-majors pour un trop petit nombre d'hommes. D'un autre côté, si le nombre des bataillons est trop considérable, le régiment devient lourd dans les manœuvres, difficile à mouvoir et à administrer. Trois ou quatre bataillons par régiment semblent présenter la meilleure combinaison.

Nous voici arrivés à une unité importante de l'infanterie, le régiment, unité moins importante peut-être que le bataillon au point de vue tactique, mais unité plus importante au point de vue administratif. Et en admettant toujours la même hypothèse, nous n'avons plus maintenant à commander directement dans l'armée permanente que 100 colonels et 100 régiments d'infanterie au lieu de 300,000 hommes.

L'organisation de la cavalerie suit une progression analogue. Elle commence aussi à l'escouade, comprenant 6 ou 8 cavaliers et commandée par un brigadier.

Deux escouades forment une section, forte de 12 ou 16 cavaliers et commandée par un maréchal des logis.

Deux sections forment un peloton comprenant 24 ou 32 cavaliers et commandé par un lieutenant ou un sous-lieutenant.

Quatre pelotons forment un escadron, fort de 100 à 150 cavaliers, commandés par un capitaine.

La réunion de 2 escadrons représente le commandement d'un chef d'escadron.

Quatre, six ou huit escadrons forment un régiment de 600, 800 ou 1000 cavaliers commandés par un colonel.

Grâce à cette organisation, au lieu d'avoir à commander directement les 50,000 cavaliers qui représentent la cavalerie dans une armée permanente, on n'a plus affaire qu'aux colonels d'environ 50 régiments.

Dans l'artillerie, la première unité est la pièce, commandée par un maréchal des logis.

Deux pièces forment une section, commandée par un lieutenant ou un sous-lieutenant.

Trois ou quatre sections forment une batterie, commandée par un capitaine et forte d'environ 200 hommes.

Deux batteries forment une division, commandée par un chef d'escadron.

Quatre, six ou huit batteries, quelquefois davantage, forment un régiment et représentent le commandement d'un colonel.

Telle est dans les trois armes l'organisation régimentaire, que l'on peut appeler organisation du premier degré, organisation élémentaire ou organisation particulière à chaque arme. Cette organisation en France date de 1562; elle est due au duc de Guise. Pour distinguer les régiments entre eux, on les désigna d'abord par les noms de leurs colonels ou par les noms des bandes d'où ils provenaient, Picardie, Piémont, Navarre ou Champagne; puis, pour éviter les changements fréquents résultant de la première méthode, Louvois fit plus tard donner aux régiments les noms des provinces. Enfin la République leur donna des numéros qui subsistent encore aujourd'hui.

Indépendamment de l'organisation régimentaire, il y a ensuite une organisation d'ensemble qui s'applique aux trois armes réunies. Les diverses unités qu'elle présente sont : la brigade, la division, le corps d'armée et l'armée active.

La brigade est composée de deux ou trois régiments presque toujours de même arme. Elle est commandée par un général de brigade ou, à l'étranger, par un général-major.

La division est composée de deux ou trois brigades. Elle est commandée par un général de division ou un lieutenant général.

Le corps d'armée est formé de la réunion de deux, trois ou quatre divisions d'infanterie, avec une brigade ou une division de cavalerie légère et avec une réserve d'artillerie. Le corps d'armée est commandé par un général de division, un général de corps d'armée ou un maréchal.

Enfin, l'armée active est formée par la réunion de plusieurs corps d'armée ; elle est commandée par un général en chef. Et on peut tirer plusieurs armées actives d'une armée permanente ; trois, quatre ou cinq, suivant le nombre des théâtres où l'on veut opérér ; en 1793, où nous devions combattre à la fois sur toutes nos frontières et dans l'intérieur, la France avait quatorze armées.

Tel est l'ensemble de l'organisation des armées modernes, organisation qui permet de les instruire, de les mouvoir et de les administrer, en d'autres termes, de les faire combattre et de les faire vivre.

A la tête des différentes unités que nous venons d'indiquer, il y a des chefs dont l'ensemble forme l'encadrement de l'armée ou ses cadres.

Les cadres des diverses armées européennes présentent aujourd'hui quatre classes de supérieurs :

1° Une classe de sous-officiers, comprenant les sergents, maréchaux des logis, sergents-majors et adjudants, qui se trouvent immédiatement au-dessus des brigadiers, caporaux et soldats ;

2° Une classe d'officiers subalternes, comprenant des sous-lieutenants, des lieutenants et des capitaines;

3° Une classe d'officiers supérieurs, comprenant des chefs de bataillon, des lieutenants-colonels et des colonels;

4° Enfin une classe d'officiers généraux, comprenant des généraux de brigade, des généraux de division, des généraux de corps d'armée et des maréchaux.

La composition des cadres d'une armée a une grande importance pour sa constitution. Le chiffre de ces cadres doit en outre se trouver en rapport avec l'effectif des troupes; trop nombreux, ils sont trop coûteux; trop faibles, le commandement n'est pas assuré ; il faut environ, dit le maréchal Marmont, un officier subalterne pour 30 à 40 hommes; c'est la proportion qui allie le mieux l'économie à un bon service. Enfin la progression des divers grades entre eux, leur classement, leur gradation, la manière dont ils sont échelonnés et subordonnés les uns aux autres, en un mot, ce que l'on appelle la *hiérarchie*, doit être établi de telle manière que le nombre des échelons ne dépasse pas le strict nécessaire ; que chaque échelon n'ait de contact direct qu'avec ses deux voisins ; enfin, que l'avancement, c'est-à-dire le passage d'un grade à un autre, satisfasse à la fois le bien du service et l'ambition des individus.

L'organisation des cadres d'une armée est donc aussi importante que l'organisation de ses diverses unités.

Nous avons dit qu'indépendamment des corps de ligne, une armée permanente comprenait encore des corps hors ligne, dont le rôle consiste à diriger, compléter et seconder l'action des corps de ligne.

On trouve d'abord, dans toutes les armées européennes, des états-majors et des services administratifs, comme un état-major général, un corps spécial d'état-major, un état-major des places, un état-major particulier de l'artillerie, un état-major du génie, un corps de l'intendance, un service de santé, un personnel des parquets militaires et divers services administratifs.

On y trouve ensuite des corps de troupes, comme :

Un corps du génie, chargé de tous les travaux que comportent la construction, l'attaque ou la défense des places, ainsi que de tous les travaux des bâtiments militaires ;

Un corps du train des équipages, chargé de tous les transports de l'armée ;

Un corps d'ouvriers d'administration, chargé de l'exécution des services administratifs ;

Un corps de gendarmerie, chargé de la police à l'intérieur et aux armées ;

Des vétérans, vieux soldats pouvant encore rendre des services dans les garnisons ;

Des troupes de discipline, qui forment un moyen de répression, etc...

Ces différents corps, états-majors ou services existent dans toutes les armées européennes ; nous les y retrouverons sous des noms différents.

Nous connaissons maintenant les principales considérations relatives aux institutions militaires des

Etats en général ; nous connaissons également les considérations relatives à la nécessité des armées permanentes, à la force de ces armées et à leurs principes d'organisation, c'est-à-dire, les considérations qui se rapportent au premier et principal élément du système militaire d'un peuple.

TROISIÈME LEÇON

Des réserves. — Réserve de l'armée permanente et réserves nationales.
Du recrutement. — Ses différents modes à diverses époques. — Méthodes modernes. — Avantages et inconvénients de chacune d'elles. — Considérations relatives à l'établissement du système des appels.
Des remontes. — Leur organisation. — Action du Gouvernement dans la production des chevaux.

I.

Nous avons vu que l'effectif d'une armée permanente était variable, qu'il dépendait des circonstances et qu'il présentait trois chiffres principaux : un chiffre minimum ou pied de paix, un chiffre moyen ou pied de guerre, enfin un chiffre maximun ou grand pied de guerre. Il faut, avons-nous dit, dans un système bien organisé et dans des institutions militaires bien établies, que l'on puisse passer successivement, rapidement et sans secousse de l'un à l'autre de ces trois chiffres.

On résout ce problème en établissant un système de réserves, qui échelonne toute la population derrière l'armée permanente, qui la dispose sur plusieurs lignes, qui la fractionne en plusieurs bans ou en plusieurs classes destinés à marcher successivement à l'ennemi, enfin qui prépare la population, suivant l'expression du général Foy, à serrer sur l'armée.

On distingue généralement deux espèces de réserves : une réserve de l'armée permanente et des réserves nationales que nous allons voir successivement.

La réserve de l'armée permanente est formée d'hommes appartenant à l'armée, mais qui ne l'ont pas encore rejointe, ou bien qui, après un certain temps de service, ont été renvoyés en congé illimité. On trouve cette réserve dans toutes les organisations militaires, en France comme en Prusse, en Autriche comme en Russie. On l'appelle pour mettre l'armée sur le pied de guerre; on la renvoie pour la remettre sur le pied de paix. Mais dans tous les cas, il faut que les hommes de la réserve soient convenablement instruits, de manière à pouvoir entrer immédiatement en campagne; sans quoi on aurait des hommes en réserve et non pas une véritable réserve de l'armée.

La composition de la réserve varie suivant les différents peuples. En Prusse, la réserve de l'armée ne comprend que des hommes ayant au moins trois ans de service; en Autriche et en Russie tous les hommes de la réserve ont également servi pendant 4, 6 ou 8 ans; en France, nous avons eu successivement divers systèmes; en 1818, nous avons eu les vétérans du maréchal Gouvion Saint-Cyr; on passait alors six ans dans l'armée et six ans dans la réserve; la loi de 1824 réduisit à 8 ans la durée du service militaire, et la loi de 1832 la réduisit à 7 ans, sans fixer, ni l'une ni l'autre, la composition de la réserve; cependant, jusqu'en 1859, on la composait surtout d'hommes renvoyés en congé illimité dans une proportion indiquée par les circonstances; ainsi, vers 1859, l'armée se composait de 400,000 hommes actifs, et de 200,000 hommes de réserve, dont 170,000 en congé illimité et 30,000 environ maintenus dans leurs foyers après le tirage au sort. On reconnut à ce système des inconvénients, et en 1860, on composa la réserve de l'armée au moyen de 30,000 hommes en congé illimité, et d'environ 170,000 jeunes gens formant ce que l'on a appelé la deuxième partie du contingent, maintenus dans leurs foyers après le tirage au sort et instruits dans les dépôts d'instruction pendant trois mois une première année, pendant deux mois une seconde année, et pendant un mois une troisième. On supprima bientôt cette dernière période. Ce système, qui était encore en vigueur dernièrement, n'a jamais reçu la sanction de l'expérience. — Enfin, aujourd'hui, d'après la loi nouvelle, nous devons avoir une armée de 400,000 hommes et une réserve de force égale. Cette réserve servira à doubler, en cas de guerre, l'effectif de nos bataillons. Elle sera composée pour la plus grande partie d'hommes ayant servi 5 ans dans l'armée et qui devront encore pendant 4 ans faire partie de la réserve; de plus, elle comprendra, chaque année, 12,000 hommes appartenant au contingent, mais qui seront laissés dans leurs foyers comme n'étant pas nécessaires pour le recrutement immédiat de l'armée.

Quant au chiffre de la réserve, il est en Prusse dans la proportion de 4 à 3 par rapport au chiffre de l'armée active; autrefois, en France, il était dans la proportion de 2 à 4; 200,000 hommes pour 400,000. Aujourd'hui, la réserve est égale à l'armée permanente sur le pied de paix, et nous avons vu précédemment que cela n'a pas d'inconvénient, puisque le pied de guerre du bataillon, de l'escadron et de la batterie peut être le double du pied de paix.

L'armée permanente et la réserve ne suffisent pas pour assurer la défense d'un pays. Chaque puissance doit préparer encore des réserves nationales. Celles-ci ne sont autre chose que la population elle-même, ou du moins sa partie valide, organisée à l'avance, de manière à pouvoir prendre part à la guerre en cas de danger. On la divise généralement en plusieurs classes ou en plusieurs bans, d'après l'âge des hommes qui les composent, et on demande à chaque classe un service en rapport avec sa situation, ses forces physiques et ses intérêts civils.

La Prusse a ainsi sa landwehr et sa landsturm, qui lui ont permis, en 1866, de mettre sur pied 660,000 hommes. La landwehr servait de réserve à l'armée jusque sur les champs de bataille ; la landsturm gardait les places.

L'Autriche a des landwehr sur certaines portions de son territoire ; elle a des honveds en Hongrie ; elle a une garde nationale dans le Tyrol.

L'Angleterre a des régiments de milice qui représentent pour elle environ 120,000 hommes, et des volontaires au nombre de plus de 170,000.

L'Italie a une garde nationale mobile ; la Turquie a ses rédifs ; la Suède son indelta.

La France a aujourd'hui sa garde nationale mobile, forte d'environ 4 ou 500,000 hommes, comprenant tous les jeunes gens qui n'ont pas été désignés par le sort pour faire partie de l'armée et qui sont encadrés et instruits particulièrement par des officiers démissionnaires ou en retraite. La garde nationale mobile a pour principal objet de rendre l'armée complétement disponible, en se portant à la frontière, en gardant les derrières, en fournissant les garnisons des places fortes. Notre garde nationale mobile correspond à la landwehr prussienne, sauf la différence d'âge. — La France a en outre sa garde nationale sédentaire que la loi nouvelle n'a pas détruite. Celle-ci pourra être appelée à faire le service de l'intérieur ; dans le cas d'extrême danger, dans le cas d'une guerre contre une coalition puissante, elle nous permettra d'atteindre cette proportion de 1/26 que les Prussiens ont atteinte en 1866, et que précédemment nous avons obtenue dans nos premières guerres de la Révolution.

Tel est le mécanisme du système de réserve qui permet d'élever ou d'abaisser, suivant les circonstances, l'effectif des armées permanentes.

II.

Après le système de réserve vient le système de recrutement.

On appelle, en général, *recrutement* l'ensemble des moyens qu'un gouvernement emploie pour remplir les cadres de son armée permanente.

Le recrutement varie avec le caractère des peuples et avec leur constitution politique et sociale; il a varié avec les époques.

Nous avons vu que les anciennes républiques de la Grèce et de Rome choisissaient parmi les citoyens en âge de porter les armes ceux qui, d'après leur fortune et leur constitution physique, paraissaient les plus propres au service militaire.

Les armées étaient alors véritablement nationales, et l'existence des peuples, leur liberté, leurs biens les plus chers étaient remis aux mains de ceux qui avaient le plus d'intérêt à les défendre.

Puis vinrent les barbares, et tout ce qui avait la force de porter les armes était appelé à combattre.

Au moyen âge, le service militaire était considéré comme un impôt attaché à la terre et la possession d'un fief entraînait l'obligation de fournir un certain nombre de lances.

Enfin, parurent les armées permanentes, et

Charles VII, vers 1445, créa, avons-nous dit, les francs-archers et les compagnies d'ordonnance. Il les composa d'éléments nationaux ; mais après la bataille de Guinegate, Louis XI, dégoûté des francs-archers, les remplaça par des mercenaires.

Les mercenaires en France dataient de Philippe-Auguste; on les appelait alors soudoyers, routiers, cottereaux, brabançons, et leur solde était de quatre journées de travail; ils jouèrent un grand rôle dans toutes nos guerres du moyen âge, mais sans être encore permanents; Louis XI les employa le premier de cette manière, et prit à sa solde des Suisses devenus fameux par leurs succès contre Charles le Téméraire. Ses successeurs leur adjoignirent des Allemands, reîtres et lansquenets.

François Ier essaya de revenir aux troupes nationales en organisant les légions; mais le moment n'était pas encore arrivé, et cette institution n'eût qu'une courte durée. Les armées du XVIe siècle, comme celles du siècle précédent, continuèrent à se recruter au moyen de mercenaires. Pendant la guerre de Trente ans, la formation d'une armée se faisait, pour ainsi dire, à l'entreprise. L'empereur d'Allemagne, Ferdinand II, par exemple, voulant lever une armée pour s'opposer aux progrès de Gustave-Adolphe, s'adresse à un grand entrepreneur de l'époque, à Wallenstein. Celui-ci, par sa réputation, ses promesses, sa libéralité, attire autour de lui tous les mercenaires de l'Europe. Il nomme des colonels qui forment des régiments; ceux-ci nomment des capitaines qui lèvent des compagnies; et en très-peu de temps une armée impériale considérable est organisée en Bohême.

Sous Louis XIV, pendant la première partie de son règne, les capitaines continuent à recruter les compagnies dont ils sont propriétaires. Ils se servent du racolage, qui, entre autres inconvénients, a celui de donner des compagnies fortes pour le paiement, mais faibles pour le service. Ce système devient bientôt impuissant pour suffire aux guerres incessantes du grand règne et pour recruter des armées dont le chiffre s'éleve jusqu'à 450,000 hommes.

Le roi, par ordonnance du 29 novembre 1688, créa alors le système des milices, d'après lequel les villages ou plutôt les paroisses furent soumis à l'obligation de fournir un certain nombres d'hommes, qui devaient être habillés, équipés et âgés de 30 à 40 ans.

C'était le sort qui les désignait, et l'on tirait alors à la milice, comme on tire aujourd'hui à la conscription. La milice, a dit le maréchal Gouvion Saint-Cyr en 1818, n'était autre chose que la conscription sans l'égalité, que la conscription portant sur la roture, et dont étaient exempts, non-seulement la noblesse et le clergé, mais encore les domestiques employés par ces deux ordres et beaucoup d'autres privilégiés. Les miliciens levés en 1688, formèrent d'abord, par circonscriptions territoriales, des compagnies et des régiments provinciaux, dont les officiers étaient choisis parmi les gentilshommes du pays; mais bientôt les hommes de la milice furent employés à recruter les régiments de la ligne, et en 1697, sous Chamillard, les régiments provinciaux furent absorbés par l'armée active, comme d'autres régiments provinciaux le furent plus tard sous Louis XV, pour réparer les pertes de la retraite de Bohême, et comme en 1813, les cohortes de la garde nationale servirent à réparer les pertes de la campagne de Russie. Le racolage et les milices étaient donc les deux moyens de recrutement des armées de l'ancien régime.

Au moment de la Révolution, en 1792, le gouvernement doit soutenir la guerre avec une armée désorganisée et dont le recrutement n'a pas encore de bases. L'enthousiasme national y supplée dans les premières années; de nombreux bataillons de volontaires se lèvent de toutes parts; on les amalgame avec les bataillons de la ligne, à raison de deux bataillons de volontaires pour un bataillon de ligne, et l'on forme ainsi des demi-brigades. Ce recrutement irrégulier suffit aux premières campagnes; puis l'enthousiasme se refroidit; les volontaires quittent l'armée; alors on emploie le système des réquisitions qui, appliqué avec la rigueur révolutionnaire, jette sur la frontière presque toute la population valide du pays.

Enfin, le 19 fructidor an VI (5 septembre 1798), le recrutement entre dans une voie plus régulière, et une loi établit le système de la conscription, avec lequel on fit toutes les guerres de l'Empire. Abolie momentanément en 1814, par suite des événements politiques et de l'abus qui en avait été fait, la conscription reparut en 1818, sous le ministère du maréchal Gouvion Saint-Cyr, quand on voulut reconstituer l'armée.

La loi du 21 mars 1832 en a consacré le principe, et aujourd'hui la conscription ou le système des appels est le mode de recrutement adopté chez les principales puissances de l'Europe.

Le système du XVIIIe siècle, celui des mercenaires, est cependant encore en usage en Angleterre. Les Américains, dans la grande guerre de la sécession, ont employé concurremment les deux systèmes, de sorte que l'on peut dire que les deux méthodes du recrutement moderne sont les mercenaires et la conscription; l'une est secondaire et l'autre principale. Nous allons les examiner successivement.

On distingue deux espèces de mercenaires : les mercenaires par capitulation et les mercenaires isolés.

Les mercenaires par capitulation sont ceux qui servent en vertu d'un traité fait avec une nation, comme les Suisses que l'on retrouve depuis Louis XI à presque toutes les époques de notre histoire. On peut citer également les quatre régiments et le bataillon de chasseurs à pied de la même nation, qui étaient au service du dernier roi de Naples. Nous citerons encore comme exemple les mercenaires allemands que l'Angleterre avait pris à sa solde en 1775 pour la guerre d'Amérique. A cette époque quatre souverains, le duc de Brunswick, le landgrave de Hesse-Cassel, le prince héréditaire de Hesse et le prince de Waldeck avaient conclu avec l'Angleterre des capitulations qui leur procuraient des subsides considérables, et d'après lesquelles ils devaient fournir environ vingt mille hommes. Tout était prévu dans ces capitulations, et l'Angleterre payait aux souverains allemands tant pour un homme fourni, tant pour un homme blessé et tant pour un homme tué. On peut le dire ici, sans exagération, ces princes vendaient le sang de leurs sujets comme celui du plus vil bétail. Le gouvernement anglais louait alors, dit Chatham, des troupes allemandes à de petits misérables princes, qui vendaient et expédiaient leurs sujets pour les boucheries des princes étrangers. Ajoutons que ces marchés honteux ne produisirent pour l'Angleterre que des désastres. Les troupes allemandes, lourdes, maladroites, équipées pour les combats d'Europe et pour la tactique de Frédéric, furent décimées et battues par les chasseurs américains et les tirailleurs de Lafayette.

Le système des mercenaires par capitulation n'existe plus en Europe depuis 1860, du moins sur une échelle un peu considérable. Cependant, comme il a existé longtemps et comme il ne serait pas impossible que l'on y revînt, il faut en signaler les avantages et les inconvénients.

Ce système a l'avantage de fournir généralement des troupes solides, bien disciplinées, se composant d'hommes qui ont embrassé volontairement la profession des armes et qui y consacrent leur vie tout entière. De plus, la population du pays ne supporte plus le fardeau du service militaire. Mais le système que nous examinons a l'inconvénient de ne pas présenter un service assuré au point de vue militaire et de favoriser le despotisme au point de vue politique. Ainsi dans l'antiquité l'on voit les mercenaires de Carthage, dont parle Polybe, vendre aux Romains des villes qu'ils étaient chargés de défendre; plus tard, on les voit, par leur révolte, mettre la république en péril. Au XVIe siècle, les Suisses passaient fréquemment d'un parti dans l'autre, suivant qu'on les payait plus ou moins cher; ils refusaient quelquefois de se battre, lorsqu'ils n'étaient pas payés exactement, ou bien lorsque l'armée ennemie comptait également des Suisses dans ses rangs. En 1516, au début des guerres de François Ier en Italie, nous trouvons deux armées en présence, une armée française et une armée impériale. Chacune d'elles a des Suisses. Ceux de l'armée française déclarent qu'ils ne se battront pas contre leurs compatriotes. Les autres, ceux de Maximilien, réclament leurs montres et menacent de passer dans le camp français, s'ils ne sont pas payés. Maximilien se souvient que, dans une circonstance analogue, les Suisses ont livré ou plutôt vendu à l'ennemi Ludovic Sforza, leur général. Il craint le même sort, s'enfuit, et son armée se débande. Les mercenaires par capitulation peuvent donc avoir de grandes exigences au moment du danger, et il est imprudent de se fier à leur service d'une manière absolue.

Les mercenaires de la seconde espèce sont les mercenaires isolés, c'est-à-dire ceux qu'un gouvernement fait enrôler par ses agents à l'intérieur et à l'extérieur, au moyen de primes et de marchés individuels, dont les clauses sont variables. C'est le système de racolage du XVIIIe siècle. Il a l'avantage de débarrasser la société d'éléments qui pourraient être dangereux pour elle ; de plus, la population ne supporte plus le fardeau du service militaire et peut, abritée par ses mercenaires, se livrer aux travaux de l'agriculture, du commerce et de l'industrie. Mais ce système a l'inconvénient de ne procurer que le rebut et la lie de la population ; de remettre la défense de la société à des hommes souvent dégradés par le vice ou par la misère ; enfin de nécessiter l'emploi de moyens immoraux, les recruteurs cherchant à séduire la jeunesse et à provoquer une heure d'oubli et d'égarement. Une armée recrutée de la sorte a besoin d'une discipline très-sévère ; elle n'est susceptible ni d'enthousiasme ni de dévouement ; elle coûte très-cher à enrôler et à entretenir ; elle ne jouit dans l'opinion publique que d'une faible considération, ce qui arrive en Angleterre, où l'opinion est défavorable aux mercenaires et se croit quitte vis-à-vis d'eux grâce à la solde et à la pension qu'on leur donne ; le service militaire est ainsi considéré chez nos voisins comme une déchéance sociale. Ajoutons que le système dont nous parlons a un dernier inconvénient plus considérable que tous ceux signalés jusqu'ici : c'est d'être insuffisant dans la plupart des cas ; au moment de la guerre des Indes, on a vu le gouvernement anglais couvrir les trois royaumes d'une nuée de recruteurs, offrir des primes considérables et ne pouvoir pas cependant parvenir à recruter son armée ; au moment de la guerre d'Amérique, on a vu le gouvernement du Nord, après avoir épuisé tous les moyens, obligé d'avoir recours à la conscription pour remplir les cadres de ses régiments.

Les mercenaires sont donc insuffisants pour recruter les grandes armées modernes. Et toutes les puissances, sauf l'Angleterre, ont adopté aujourd'hui le système des appels que nous allons examiner.

Dans ce système, la loi impose à tous les citoyens l'obligation du service militaire. Cette obligation est la plus juste et la plus importante de toutes celles qui sont la conséquence de l'état social ; de plus, on peut se demander s'il n'est pas honteux pour un peuple de remettre à des mains étrangères le soin de sa défense. Chez les anciens, dans les beaux temps des républiques grecques ou de la république romaine, la défense de la patrie était confiée aux citoyens les plus riches, les plus recommandables, à ceux qui avaient un véritable intérêt à la défense de la société ; on éloignait des rangs de l'armée non-seulement les esclaves, mais les gens qui ne possédaient rien. Ce n'est donc pas revenir à la barbarie que de forcer tous les citoyens d'un État à passer dans les rangs de l'armée ; c'est accomplir, au contraire, un véritable progrès social.

Le système des appels présente l'avantage de donner une armée qui est à la fois nationale, nombreuse et économique. Il présenterait des inconvénients s'il était appliqué avec trop de rigueur. Nous verrons plus tard comment il est compris chez les différentes puissances de l'Europe, et comment chez chacune d'elles on en a adouci les conséquences ; mais auparavant nous allons étudier les différentes questions qui se rattachent à l'établissement de ce système de recrutement chez un peuple.

La première de ces questions est relative à l'âge de l'appel. L'âge de l'appel doit être fixé de telle manière qu'en arrivant sous les drapeaux les jeunes gens aient pris tout leur développement physique et qu'ils soient assez robustes pour supporter les fatigues du métier. Appeler des jeunes gens trop jeunes, ce serait vouloir encombrer les hôpitaux, comme cela est arrivé dans la campagne de 1813. C'est d'après cette considération que presque partout l'âge de l'appel a été fixé à vingt ans.

La seconde question à examiner, lorsqu'il s'agit d'organiser un système de recrutement fondé sur le principe des appels, est relative à la durée du service.

Il y a toujours ici deux intérêts en présence : l'intérêt de l'armée qui veut que l'on conserve le soldat sous les drapeaux le plus longtemps possible, dans la mesure, bien entendu, de la conservation de ses forces et de son activité ; et l'intérêt des populations qui tend à abréger le plus possible la durée du service militaire. On prend généralement un terme moyen que l'on établit d'après les considérations suivantes : on consulte d'abord l'esprit militaire de la nation, ses aptitudes physiques et intellectuelles, par suite la facilité d'instruction qu'elle présente, et l'on conservera les soldats d'autant moins longtemps que cette facilité sera plus grande. On tiendra compte encore du temps nécessaire aux jeunes soldats pour se développer, s'instruire et arriver à rendre de véritables services dans leurs corps; ce temps est peu considérable dans l'infanterie, mais il l'est davantage dans les armes spéciales; la durée du service devra être calculée de manière que le soldat, après son instruction, reste encore quelque temps sous les drapeaux, afin de rendre des services à son pays, afin de donner plus de force et de consistance à l'armée et afin de permettre au conscrit d'oublier les premières difficultés de la vie militaire et de ne pas reporter dans les campagnes le découragement et le dégoût du métier, qui sont quelquefois le résultat des premières années. En dernier lieu, la durée du service doit être fixée de telle manière qu'après leur libération les soldats soient encore assez jeunes pour avoir l'espérance de se créer une position, une famille et de s'assurer un avenir; s'il en était autrement, l'on jetterait une grande perturbation dans l'organisation de la société, l'on amènerait un déclassement fatal, on dépeuplerait les campagnes, on encombrerait les villes et l'on arrêterait le développement de la population.

C'est d'après ces considérations que l'on fixe la durée du service militaire. En France elle a été de huit ans, puis de sept; d'après la nouvelle loi elle est de neuf ans. En Prusse elle était de cinq ans, elle a été portée à sept. En Autriche elle est de huit ans. En Russie, de douze. En Angleterre, de dix ans dans l'infanterie et de douze dans la cavalerie. En Turquie elle est de cinq ans dans l'armée, de sept ans dans la réserve; car, comme nous l'avons remarqué plus haut, une partie de ce service a lieu dans l'armée et une autre dans la réserve, en temps de paix. En résumé, la durée du service militaire aujourd'hui paraît devoir être de sept à dix ans, suivant les peuples. On ne doit pas garder les soldats au delà de trente ans, car l'on a remarqué, dit le général Rogniat, « que quand « l'homme arrive vers trente ans, il commence à per- « dre sa souplesse; le mouvement cesse de lui être « agréable ; l'effervescence de la jeunesse, qui lui fai- « sait trouver des charmes dans une vie errante et « variée, se calme par degré pour faire place à des « idées de repos et de tranquillité ; arrivé vers cet âge « le soldat est donc moins propre à bien faire son mé- « tier. » Cette observation ne s'applique pas d'une manière aussi absolue à l'officier, qui se trouve dans des conditions particulières et qui est soutenu par des idées de devoir et d'ambition.

La troisième question que présente la constitution du système des appels est relative au chiffre du contingent. Ce chiffre est ordinairement variable; il dépend de l'état du pays et des besoins du moment. Dans les pays constitutionnels, le pouvoir législatif est appelé à le fixer chaque année, et dans les pays absolus, il est fixé par une ordonnance du souverain. En temps ordinaire et dans les circonstances normales, ce chiffre se déduit du chiffre de l'armée permanente et de la durée du service. Pour obtenir l'effectif du contingent, l'on a remarqué qu'il fallait généralement examiner un nombre de jeunes gens de vingt ans double du nombre demandé, c'est-à-dire que l'on ne peut prendre qu'un homme sur deux inscrits, parce qu'il faut déduire d'un contingent 1/3 pour incapacité physique et 1/4 pour exemption légale, c'est-à-dire environ la moitié. En France le nombre des jeunes gens qui atteignent vingt ans chaque année est d'environ trois cent vingt mille ;

de sorte que le maximum d'un contingent français, avec les conditions actuelles du recrutement, est de cent soixante mille.

Après avoir déterminé l'âge de l'appel, la durée du service et le chiffre du contingent, il faut ensuite régler les opérations matérielles du recrutement, qui serviront à amener réellement les jeunes gens sous les drapeaux.

L'étude de ces opérations appartient au cours d'administration ; nous nous contenterons donc de les rappeler succinctement.

Il faut d'abord répartir le chiffre du contingent entre les différentes subdivisions territoriales proportionnellement au chiffre de leur population.

Il faut ensuite passer à la désignation des jeunes gens qui doivent faire partie du contingent, quand on n'en appelle pas la totalité. En France cette désignation se fait au moyen du sort, afin d'éviter l'arbitraire ou la fraude ; en Prusse elle a lieu au moyen du choix ; en Russie, avant l'affranchissement des paysans, elle avait lieu d'après la volonté des propriétaires de serfs. Le choix est évidemment le meilleur de tous les modes, mais il paraît difficile de l'établir d'une manière parfaitement juste et de le mettre à l'abri des influences.

Après la désignation des jeunes gens, il y a lieu de constater leur aptitude au service militaire, de les répartir entre les différentes armes et de prononcer les exemptions. Ces opérations ont lieu chez les divers peuples de l'Europe, au moyen de commissions formées de fonctionnaires civils qui représentent les intérêts des populations, et de fonctionnaires militaires qui représentent les intérêts de l'armée. En France, cette commission s'appelle conseil de révision ; en

Russie, commission de recrutement ; en Prusse, il y a des commissions de deux degrés, commission d'arrondissement et commission de département de régence.

Après que les opérations de ces commissions sont terminées, les hommes de recrue sont mis en route et rejoignent leurs régiments. Ils entrent dans l'armée, et l'on compte alors, avant de les présenter en ligne, pour les habiller, les discipliner et les instruire, environ six mois dans l'infanterie et dix mois dans la cavalerie.

Quand une classe a terminé son temps de service, elle quitte l'armée par libération ; elle est renvoyée dans ses foyers, et rentre dans la vie civile. En temps de guerre, la libération d'une classe n'a lieu que lorsque celle qui la remplace est arrivée elle-même à l'armée active, c'est-à-dire, environ six mois après l'époque réelle ; sans cela une armée active pourrait, tout à coup, se trouver affaiblie dans une proportion trop considérable.

Le système des appels, dont nous venons de voir l'organisation, a deux annexes qui procurent encore un certain nombre d'hommes aux armées. Ces annexes sont l'*engagement volontaire* et le *rengagement*.

L'engagement volontaire est un contrat désintéressé, par lequel un individu s'engage à servir l'État pendant un nombre d'années déterminé par la loi ; ce contrat procure, à celui qui le contracte, l'avantage de choisir le corps dans lequel il veut servir ; il ne doit stipuler aucun avantage pécuniaire en faveur de l'engagé ; car, s'il en était autrement, celui-ci rentrerait dans la classe des mercenaires. Autrefois, le nombre des engagements volontaires était assez considérable pour pouvoir être regardé comme un moyen sérieux de recrutement; aujourd'hui, il n'en est plus de même; l'engagement volontaire n'est plus qu'une annexe insignifiant du recrutement des grandes armées européennes; les peuples ont trop d'aisance et trop de bien-être pour que la pauvreté oblige un grand nombre de jeunes gens à s'enrôler, comme cela est arrivé à certaines époques; et il ne serait pas prudent de compter sur les engagements volontaires, même dans les circonstances les plus critiques.

Le rengagement est l'engagement de l'homme qui a déjà fait un ou plusieurs congés. Il conserve dans une armée un certain nombre d'hommes faits, vigoureux et instruits. Mais, pratiqué sur une échelle trop large, il retarde l'avancement des sous-officiers et vieillit l'armée.

Nous avons dit que le système des appels aurait des inconvénients pour un peuple, s'il était appliqué avec trop de rigueur. Pour le rendre moins onéreux à la population, on a admis d'une part des exemptions, et d'autre part des remplacements ou des exonérations.

Les exemptions sont de deux espèces : les unes ont lieu dans l'intérêt de l'État et les autres dans l'intérêt des familles. L'État refuse les jeunes gens qui n'ont ni la taille ni la force physique nécessaires pour porter les armes, ou qui n'ont pas la moralité convenable pour entrer dans l'armée. Les familles conservent les jeunes gens qui sont nécessaires à l'existence de parents âgés ou infirmes, les fils aînés de veuves, et encore ceux qui ont déjà des frères au service ou qui ont eu des frères tués dans les combats. Quant aux jeunes gens qui se destinent à certaines carrières spéciales, où ils peuvent rendre des services à l'État, comme le sacerdoce ou l'instruction publique, ils reçoivent une dispense du service militaire, et la dispense diffère de l'exemption en ce que l'une est définitive, tandis que l'autre n'est que temporaire; la dispense cesse avec la cause qui l'a fait accorder.

Enfin, pour rendre moins onéreux encore le système des appels, pour permettre aux jeunes gens de suivre plus facilement leurs diverses carrières, on a admis presque partout la faculté de s'exonérer du service militaire ou de se faire remplacer.

Le remplacement consiste à permettre aux jeunes gens, désignés par le sort pour faire partie de l'armée, de se faire remplacer par d'autres, remplissant les conditions voulues. Ce système maintient intact le principe de l'obligation du service militaire pour tous les citoyens; mais il donnait lieu, autrefois, à un trafic d'hommes honteux et démoralisant. Dernièrement l'on avait substitué au remplacement l'exonération. Dans ce système, les jeunes gens qui voulaient s'exonérer du service militaire, payaient à l'État une somme dont la quotité était fixée chaque année; l'État remplaçait ces jeunes gens, dans les rangs de l'armée, au moyen d'hommes obtenus par voie de rengagement ou par voie de remplacement administratif; ce dernier moyen ressemblait beaucoup au racolage de l'ancien régime; l'État donnait aux rengagés et aux remplaçants administratifs une certaine rémunération pécuniaire qui était fournie par le prix des exonérations, lequel était versé dans une caisse créée à cet effet, et nommée caisse de la dotation de l'armée. Ce système avait fait disparaître le trafic dont nous parlions plus haut; mais, appliqué avec trop de facilité, il avait l'inconvénient de vieillir l'armée de ralentir l'avancement des sous-officiers ; de plus, il portait atteinte au principe de l'obligation du service militaire, en admettant légalement que l'on pouvait s'exonérer de ce service au moyen d'une somme d'argent.

L'exonération a été abandonnée, et l'on est revenu au remplacement, que l'on cherche à entourer de certaines garanties.

La Prusse a résolu le problème d'une autre manière; quand un jeune homme, dans ce pays, veut s'exonérer du service militaire, il s'engage, s'équipe à ses frais, sert un an et entre ensuite dans la landwehr. Personne ne peut donc, en Prusse, se soustraire à l'obligation de faire partie de l'armée.

Tel est l'ensemble du système des appels qui, depuis la Révolution, a été adopté chez presque toutes les nations de l'Europe, pour le recrutement de leurs armées, avec les modifications, toutefois, que comportent les institutions politiques et le caractère particulier de chacune d'elles.

III.

Une armée a besoin d'un grand nombre de chevaux de selle et de trait pour sa cavalerie, son artillerie et ses équipages. Un gouvernement doit, par suite, organiser un *système de remonte*, comme il a organisé un système de recrutement.

Chaque puissance, en effet, a son système particulier de remonte qu'elle met en rapport avec sa situation financière, sa configuration géographique et ses ressources chevalines. L'Angleterre a beaucoup de ressources et peu de cavalerie; elle n'a pas besoin d'établissements spéciaux, l'industrie particulière lui suffit largement, et chaque corps achète facilement les chevaux qui lui sont nécessaires. La Russie a de grandes ressources dans ses colonies militaires et dans les vastes plaines qu'elle possède. Elle est riche en chevaux et en fourrages : aussi les colonels de ses régiments de cavalerie, qui sont chargés de les remonter, moyennant certains abonnements payés par l'État, n'éprouvent-ils à ce sujet aucune difficulté. L'Autriche a des haras militaires considérables; en 1820, ils ont fourni à la fois 30,000 chevaux; néanmoins, elle achète une partie de ses chevaux, et son système est mixte, comprenant à la fois la production directe et les achats. Il en est à peu près de même en Prusse.

En France, on a suivi successivement diverses méthodes. Jusqu'en 1789, les capitaines, propriétaires des compagnies de cavalerie, étaient généralement chargés de les remonter en même temps que de les recruter. A la Révolution, on employa d'abord les réquisitions forcées; puis les régiments furent chargés d'acheter leurs chevaux, au moyen de fonds spéciaux, appelés masses de remplacement. Ce système engendrait de nombreux abus, parmi lesquels il faut signaler la concurrence des régiments entre eux, les spéculations des individus ou des conseils; enfin des marchés simulés. En 1806, l'empereur Napoléon Ier reconnut ces inconvénients, et prescrivit de ne plus faire que des marchés généraux avec des entrepreneurs. Néanmoins et par suite des besoins incessants, les régiments achetèrent encore fréquemment des chevaux. Vers la fin de l'Empire, on fut obligé d'en revenir aux réquisitions. A la Restauration, on s'adressa à une compagnie de marchands de chevaux. Enfin, en 1818, le maréchal Gouvion Saint-Cyr fait essayer le système des dépôts de remonte, système que l'on développe en 1826, et qui est rendu définitif en 1831, époque où il devient une branche spéciale du ministère de la guerre. Depuis 1831, il y a eu des modifications successives; mais le principe est resté le même, c'est-à-dire, l'achat direct par l'État.

A cet effet, le gouvernement a établi, sur les points du territoire les plus favorables à l'élève des chevaux, des établissements appelés *dépôts de remonte*, commandés et administrés par des officiers de cavalerie hors cadres ou détachés de leurs corps. Chacun de ces établissements a une circonscription à étudier et à exploiter. L'ordonnance du 29 décembre 1860 a prescrit la formation de comités d'achat, qui sont chargés d'acquérir des chevaux au-dessus de 4 ans et au-dessous de 8, et dans les conditions voulues pour un bon service de guerre. En 1837, on avait prescrit l'achat direct au producteur; l'ordonnance de 1860 a admis l'achat aux marchands de chevaux, non pas aux marchands nomades, mais aux marchands du pays, qui doivent présenter des chevaux de la circonscription, et jamais de chevaux étrangers. Les chevaux achetés au compte de l'État restent dans les écuries des dépôts jusqu'à ce qu'ils aient achevé de se développer, ou jusqu'à ce qu'ils soient habitués au régime de l'armée. Quand ils sont prêts pour le service, ils sont envoyés aux corps sous la conduite de détachements commandés par des officiers ou des sous-officiers. On envoie toujours, à chaque régiment, des chevaux de même provenance, afin qu'il y ait, dans chacun d'eux, homogénéité de remonte, similitude d'allures et uniformité d'hygiène. Ajoutons qu'en cas d'urgence, on a encore recours à l'achat direct par les régiments, ou à des marchés généraux avec des entrepreneurs; ce dernier système est ordinairement fort onéreux; il donne des résultats médiocres, et il nuit à la production nationale.

Dans l'établissement d'un système de remontes, il faut, évidemment, tenir compte des ressources chevalines du pays. Sous ce rapport, on peut dire, avec Guibert, que la France est assez puissante pour ne rien craindre, et assez riche pour ne rien désirer. Nous avons, en effet, des ressources suffisantes; il s'agit seulement de les développer et de les utiliser. Nous possédons environ 3 millions de chevaux, dont les juments forment un peu plus de la moitié. Le nombre des naissances est d'environ 300,000 par an; de plus, nous avons toutes les races nécessaires aux trois espèces de cavalerie et au trait. L'armée française, sur le pied de paix, a besoin d'environ 80,000 chevaux : 50,000 de selle et 30,000 de trait. La durée du cheval dans l'armée est de 8 ans en moyenne; l'État renouvelle, par conséquent, son effectif par huitième, et achète tous les ans 10,000 chevaux, 6,000 de selle et 4,000 de trait. On voit donc que nos ressources seraient bien supérieures à nos besoins, si tous nos chevaux étaient propres au service de l'armée. C'est à ce résultat que le gouvernement s'efforce de parvenir; ce serait, évidemment, un grand avantage pour lui et pour les éleveurs, et il faut remarquer qu'un bon cheval ne coûte pas plus à faire qu'un mauvais. En temps de paix, pour ne pas nourrir un trop grand nombre de chevaux, on forme des réserves chez les cultivateurs.

Pour améliorer les races de chevaux d'un pays,

le gouvernement doit surveiller, faciliter et encourager la production. Il le fait par les moyens suivants :

1° Il assure l'écoulement des produits et achète, tous les ans, un nombre à peu près constant de chevaux ;

2° Il prime les meilleurs élèves qui viennent se présenter aux comices agricoles ;

3° Il établit des courses qui permettent de juger du fonds et des moyens des chevaux destinés à la reproduction : courses plates et courses d'obstacles ;

4° Il entretient des étalons pour les saillies, en les choisissant dans de bonnes conditions ; à l'époque de la monte, le gouvernement leur fait parcourir une certaine circonscription, en demandant pour la saillie un prix peu élevé ; il y a, en France, environ 1250 étalons de cette espèce ;

5° Le gouvernement peut encore établir des haras, au moyen desquels s'effectue la production directe ; en Autriche, ils sont organisés sur un très-grand pied ;

6° Enfin, le gouvernement peut organiser des écoles de dressage ; c'est ainsi que nous en avons deux en France, à Caen et au Pin. On y dresse les chevaux au service de la selle ou à celui de la voiture.

Grâce à ces divers moyens, le gouvernement d'un pays exerce une grande influence sur sa production chevaline. En France, il y a déjà eu une amélioration sensible ; nos ressources suffisent à nos besoins en temps de paix, et l'on peut espérer que bientôt il en sera de même en temps de guerre, et que, sous ce rapport, nous ne serons plus tributaires de l'étranger.

QUATRIÈME LEÇON.

Suite de l'étude des institutions militaires d'un État.— De la discipline. — De la justice militaire. — De l'avancement et des récompenses. De l'administration militaire. — De l'instruction théorique, pratique et intellectuelle. — Des établissements du matériel.

I.

Nous avons établi la nécessité des armées permanentes, qui forment la base et le principal élément des systèmes militaires modernes ; nous avons développé les considérations relatives à la détermination du chiffre de ces armées ; puis, nous avons étudié leurs principes d'organisation en indiquant quelles sont leurs diverses unités et comment ces unités sont commandées.

Dans la leçon suivante, nous avons examiné la constitution des réserves et les moyens employés pour remplir les cadres d'une armée en hommes et en chevaux, c'est-à-dire les méthodes de recrutement et de remonte.

C'est là le point auquel nous sommes parvenus dans l'étude des institutions militaires d'un peuple. Nous connaissons tous les principes relatifs à l'existence de son armée ; il nous reste maintenant à voir les moyens employés pour la faire fonctionner et pour la mettre en action.

Ces moyens sont au nombre de quatre et représentent les quatre derniers éléments des systèmes militaires modernes, c'est-à-dire la discipline, d'où résultent, comme ses conséquences directes, d'une part la justice militaire et de l'autre l'avancement et les récompenses ; puis l'administration ; ensuite l'instruction et enfin les établissements du matériel.

Nous allons examiner successivement ces quatre parties des institutions militaires d'un État.

Pour mettre une armée en action, pour donner le mouvement au mécanisme qui la compose, pour faire fonctionner ses divers organes, il faut que tous ses éléments obéissent à une seule règle, à une même loi, à une volonté unique et à l'ordre d'un seul homme ; il faut que cet ordre soit transmis hiérarchiquement jusqu'au dernier degr éde l'organisation et qu'il soit exécuté par tous ; il faut, en un mot, que les inférieurs obéissent à leurs supérieurs, et cette obéissance constitue la discipline en assurant l'accomplissement de tous les devoirs, de tous les règlements et de toutes les lois militaires. De sorte que la discipline, c'est l'ensemble des principes et des moyens qui ont pour objet d'assurer l'obéissance des inférieurs aux supérieurs et l'observation des règlements militaires.

Si, à propos de la discipline, nous jetons un coup d'œil sur l'histoire, nous voyons que l'origine de cette institution remonte à l'origine des armées. Nous la trouvons pleine de force dans l'antiquité, et nous la voyons régner en souveraine dans les armées de la Grèce et de Rome.

Elle s'affaiblit au moyen âge, au milieu d'armées temporaires, composées surtout de seigneurs jaloux les uns des autres, ardents à combattre, mais trop fiers pour se soumettre au joug de l'obéissance. Les désastres des croisades, et les grandes défaites de Crécy, de Poitiers et d'Azincourt sont dues en grande partie à l'absence de discipline dans les armées de l'époque.

Sous Gustave-Adolphe, on voit la discipline renaître et se rétablir; les armées suédoises se distinguent surtout dans la guerre de Trente ans par leur vigoureuse discipline, que Turenne s'efforce d'introduire dans les armées françaises. Louvois fait à ce sujet un ensemble de règlements qui a servi de point de départ à notre Code de justice militaire, et parmi lesquels nous remarquerons celui de 1670 qui fixe la composition des conseils de guerre dans les régiments et dans les armées, et le règlement relatif à l'adoption des uniformes qui favorise beaucoup la surveillance. L'époque de Louis XIV, quoique présentant encore de nombreuses violences commises par les gens de guerre, marque cependant un progrès considérable dans l'organisation de la discipline. Sous Louis XV, en 1719, l'établissement des casernes est encore un fait très-avantageux.

La Révolution, en changeant l'ordre social, modifie profondément les principes et les bases de la discipline; pendant quelques années, la législation militaire semble flotter incertaine entre les excès de la tolérance et ceux de la sévérité. Enfin l'Empire vient fondre et réunir dans un même ensemble les principes de l'ancien régime avec ceux du nouveau. Puis le maréchal Gouvion Saint-Cyr et plus tard le maréchal Soult réunissent et appliquent les principes modernes dans les lois de 1818 et de 1832, qui sont encore en vigueur aujourd'hui dans l'armée française.

Si nous examinons maintenant les principes et les bases de la discipline, nous reconnaîtrons qu'elle doit être calme, impartiale, prompte, ferme, jamais avilissante; qu'elle doit chercher à prévenir plutôt qu'à réprimer; qu'elle doit être sévère pour les fautes graves et mesurée au contraire pour les fautes légères; enfin, qu'elle doit éviter avec soin les extrêmes, d'une part la dureté qui révolte, et, d'autre part, la faiblesse qui amène le mépris de l'autorité. Nous reconnaîtrons encore que l'exemple a une grande influence sur la discipline et qu'un officier qui donne l'exemple est toujours bien obéi. Nous reconnaîtrons enfin que la discipline doit varier avec les institutions politiques, l'esprit du temps, la forme du gouvernement, la direction des lois, le mode de recrutement et surtout le caractère des différents peuples. « Aux peuples du « Nord, dit Jacquinot de Presles, qui ont des mœurs « rudes et qui sont habitués à un gouvernement des- « potique, il faut une discipline sévère. » Telle est la discipline de l'armée russe, qui admet les châtiments corporels, qui frappe les officiers d'exil et de dégradation. Telle est encore celle de l'armée autrichienne, nécessaire pour contenir des peuples de nationalité différente, quelques-uns à demi barbares, comme les Croates et les Dalmates. Telle est celle enfin de l'armée anglaise, nécessitée par la forme de son recrutement. « Il faut une discipline plus douce, continue Jacquinot « de Presles, aux peuples du Midi, plus vifs, plus « sensibles, doués de plus d'imagination, plus avides « de louanges et de distinctions, et qui sont habitués, « sous des gouvernements libéraux, à voir sans cesse « auprès d'eux l'égide de la loi. » Telle est la discipline de l'armée française, dont les principaux mobiles sont des moyens moraux, l'honneur et l'opinion. L'élévation des sentiments, la dignité des caractères, notre état social et nos mœurs civiles ont exclu de notre armée les punitions corporelles. Et sous l'ancien régime, malgré le recrutement alors en usage, on avait regardé comme une faute l'introduction de la discipline prussienne dans notre législation militaire en 1775. Le meilleur moyen de discipline en France réside donc dans l'opinion, « moyen merveilleux, dit le « maréchal Marmont, en ce sens qu'il est susceptible « de nuances infinies et qu'il agit puissamment sur les « cœurs généreux ».

Quoi qu'il en soit, la discipline qui assure l'obéissance de l'inférieur au supérieur et l'observation des règlements militaires a une importance considérable dans la constitution d'une armée.

Toute réunion d'hommes, toute association en a besoin, quel que soit le but qu'elle se propose, qu'il s'agisse d'une exploitation agricole, d'une entreprise commerciale, d'une entreprise industrielle, d'une exploration lointaine ou d'un voyage scientifique. C'est évidemment le principe vital, le moteur de toute organisation. Mais quand il s'agit d'une armée, la discipline est d'une nécessité absolue ; sans discipline, il n'y a pas d'armée ; tandis qu'avec elle, au contraire, on voit souvent des bandes de mercenaires recrutées dans la lie des populations, devenir de bonnes troupes et accomplir de grandes choses ; comme les Grecs de Cyrus, les mercenaires d'Annibal ou les Anglais de Wellington.

La discipline est importante non-seulement au point de vue de la constitution des armées, mais encore au point de vue de l'existence des États. Une nation peut périr par l'indiscipline de ses armées, comme périrent Rome et Byzance à l'époque du Bas-Empire ; au contraire, dans un État, rien n'est désespéré, même après les plus grandes défaites, tant que la discipline est en vigueur, tant que chaque citoyen connaît et accomplit son devoir ; et nous citerons encore Rome, mais au temps de Brennus et d'Annibal.

La discipline repose sur deux sentiments opposés : la crainte et l'espérance; crainte des châtiments, espoir des récompenses. L'établissement et la conservation de la discipline d'une armée comportent donc l'organisation de la *justice militaire* qui inflige les châtiments, et en même temps l'organisation d'*un système d'avancement et de récompenses* dans le but d'exciter l'émulation et de rémunérer les services militaires.

Parlons d'abord de la justice militaire. La discipline implique la nécessité de punir, car il n'y a pas de loi qui ne comporte avec elle une disposition pénale pour assurer son exécution.

Chez les Grecs, les punitions consistaient en peines corporelles, dégradation, exil, mort et privation de sépulture. Chez les Romains, elles consistaient en travaux de corvée, amendes, privation de vivres, dégradation, fustigation avec les verges des licteurs, vente comme esclave, enfin mort par la hache. Au moyen âge, nous trouvons des mutilations, des dégradations et la mort avec des raffinements souvent atroces. Parmi les peines du moyen âge, nous citerons : le cheval de bois, les verges, les galères, la marque par la main du bourreau, la langue percée d'un fer rouge, les oreilles coupées, la mort par les piques, l'arquebuse ou la corde; on était encore rompu vif, étranglé, pendu, après avoir eu le poingt coupé (Ordonnances de Charles VII, de François Ier, de Henri II, de Henri III).

Aujourd'hui, l'on a cherché à proportionner les punitions aux fautes commises. Dans la justice civile, on reconnaît généralement des fautes, des délits et des crimes, avec des peines proportionnées à la nature de chacune de ces catégories.

Quoique cette distinction ne soit pas aussi tranchée dans la justice militaire, cependant on reconnaît ordinairement aussi trois degrés de fautes et de punitions. Il y a d'abord les fautes commises dans les corps, comme manque aux appels, absence au service, mauvaise tenue ou mauvaise conduite ; ces fautes sont punies par la corvée, la consigne, la salle de police ou la prison pour la troupe ; par les arrêts simples, les arrêts de rigueur ou la prison pour les officiers. Il y a ensuite des fautes plus graves qui entraînent des punitions plus fortes, prononcées par le ministre, d'après l'avis des conseils de discipline ou d'enquête ; pour la troupe, c'est l'envoi dans les corps disciplinaires ; pour les officiers, c'est la mise en non-activité ou en réforme. Enfin, il y a un troisième degré de fautes et de punitions, les unes et les autres prévues par les dispositions du Code pénal militaire, appréciées et prononcées par des tribunaux spéciaux que l'on appelle généralement des conseils de guerre.

L'organisation de la justice militaire dans une armée comporte en effet un certain personnel spécial qui a existé de tout temps. Dans les armées romaines, ce personnel se composait des licteurs et des tribuns ; dans les armées du moyen âge, il comprenait le connétable et les sénéchaux ; plus tard, le grand prévôt et ses aides ; à l'époque où les colonels étaient propriétaires des régiments, chacun d'eux avait son conseil de guerre particulier ; au moment de la Révolution, en 1793, on créa d'abord des juges militaires, fonctionnaires civils accompagnant l'armée, formant des tribunaux militaires, à raison de deux par armée.

Ces tribunaux comprenaient un accusateur militaire, trois juges et un greffier, tous civils. Mais on reconnut bientôt l'erreur dans laquelle on était tombé, et l'on forma des conseils de guerre d'après les principes que nous suivons encore aujourd'hui, conseils comprenant un personnel composé de tous les grades, de manière que les accusés aient toujours un ou plusieurs de leurs pairs parmi les juges. Les membres des conseils de guerre changent tous les six mois; mais les officiers qui composent les parquets, c'est-à-dire les rapporteurs et les commissaires impériaux, sont permanents. Quant aux conseils d'enquête ou de discipline, ils sont nommés et rassemblés au moment du besoin.

Après avoir assuré la punition des fautes, il faut évidemment, dans la constitution d'une armée, assurer aussi la récompense des bons services.

Chez les Grecs, les récompenses militaires consistaient en éloges publics, part de butin, couronnes, grades supérieurs, chevaux, armes, pensions, honneurs funèbres et statues.

Chez les Romains, il y avait des armes d'honneur, comme le gaesum ou javelot, donné au soldat qui se faisait remarquer dans un combat par son courage; puis des couronnes, comme la couronne d'or pour celui qui montait le premier à l'assaut, et la couronne civique pour celui qui sauvait un de ses concitoyens; ensuite, des décorations en métal qui se portaient sur la poitrine, des statues comme chez les Grecs, et enfin le triomphe, le plus grand honneur que pût recevoir un général.

Au moyen âge, les récompenses militaires consistaient en anneaux, colliers, armoiries, part de butin, fiefs et grades chevaleresques.

Aujourd'hui les services militaires sont récompensés de quatre manières : par l'avancement, les décorations, les pensions et les titres honorifiques.

L'avancement répond à une des plus puissantes passions de l'homme, à son ambition et en même temps au désir de chaque individu d'améliorer sa position et d'assurer son avenir. L'avancement est le passage d'un grade à un autre, ou l'obtention d'un grade. C'est à la fois une récompense et un droit ; c'est une récompense quand il a lieu par suite du choix ; c'est en même temps un droit quand il résulte d'un tour établi.

L'art de régler l'avancement dans les armées a toujours été l'objet des méditations des législateurs. L'histoire nous a transmis quelques-uns des principes suivis dans les armées de la Grèce et de Rome ; nous connaissons également quelques-unes des règles du moyen âge, malgré l'obscurité qui entoure cette époque ; à la Renaissance, nous voyons le souverain donner des patentes à ses capitaines de bandes et d'enseignes et ceux-ci nommer ensuite aux divers commandements sous leurs ordres. Avec Louis XIV, l'avancement commence à se régulariser, et l'ordonnance de 1654 le met presque tout entier aux mains du gouvernement ; les bases de l'avancement sont alors : la volonté du roi, l'achat des grades, l'ancienneté ou tour du tableau, et la noblesse. Celle-ci donnait des droits, mais ne fut exigée d'une manière absolue qu'en 1781, par M. de Ségur, qui demandait quatre quartiers de noblesse pour les officiers. Ajoutons que sous Louis XIV, le gouvernement, voulant former une pépinière d'officiers, avait créé neuf compagnies de cadets dites de gentilshommes, établies sur les places frontières et destinées à recruter les officiers de l'armée ; malheureusement, cette institution, due à Louvois, fut abandonnée à sa mort et ne fut rétablie que plus tard sous le règne de Louis XV. Le grand principe de l'avancement sous l'ancien régime était celui de la vénalité des charges ; une compagnie valait environ 12,000 livres ; un régiment de cavalerie 25,000. En 1790, le conseil de la guerre et l'Assemblé constituante font, sur l'avancement, une loi qui marquait un véritable progrès et dont on pouvait se promettre de bons résultats. Mais la Révolution vint bouleverser toutes nos institutions aussi bien civiles que militaires; et quand il fallut reconstituer l'armée, nos assemblées républicaines firent sur l'avancement plusieurs lois basées sur l'ancienneté qui donnèrent d'étranges résultats ; le Directoire, le Consulat, l'Empire même n'organisèrent jamais l'avancement d'une manière bien régulière. Et à cette dernière époque, dit le général Bardin, il y avait beaucoup d'arbitraire et peu d'uniformité. Ce n'est vraiment qu'en 1818 que le maréchal Gouvion Saint-Cyr posa les bases de l'avancement moderne ; dans sa loi du 10 mars 1818, il institua les différents tours et il détermina les deux parts du choix et de l'ancienneté. Une seconde loi, celle du 16 avril 1832, rendue sous le ministère du maréchal Soult, est venue depuis remplacer la loi de 1818, mais en conservant les mêmes principes qui sont aujourd'hui généralement reconnus partout.

Ces principes sont les suivants : Tout système d'avancement doit être en rapport avec l'éducation générale du peuple, la constitution politique du pays, et enfin le mode de recrutement de l'armée; c'est ainsi qu'en France les sous-officiers obtiennent une partie notable des emplois d'officiers, tandis qu'en Angleterre, en Russie et en Autriche, ils en obtiennent très-peu.

En second lieu, l'avancement des sous-officiers est laissé presque partout au choix des chefs de corps, qui sont plus à même d'apprécier leur aptitude et leurs services.

Les emplois de sous-lieutenants sont ensuite donnés généralement aux élèves des écoles militaires ou à des sous-officiers qui remplissent certaines conditions.

Enfin, pour les officiers, l'avancement a lieu à l'ancienneté, afin de respecter les droits acquis et de récompenser les anciens services; puis au choix, afin d'exciter l'émulation et de rajeunir l'armée en faisant parvenir promptement les officiers capables; dans certaines armées étrangères, le choix est remplacé par le concours en temps de paix, afin d'éviter les influences, d'encourager le goût du travail et de récompenser le véritable mérite. Les proportions relatives du choix et de l'ancienneté varient suivant les grades.

Nous ajouterons que l'avancement peut encore aujourd'hui avoir lieu à prix d'argent, comme en Angleterre, où les grades s'achètent jusqu'à celui de lieutenant-colonel, et deviennent ainsi la propriété particulière des officiers, qui peuvent les vendre à leur tour. Le droit d'acheter un grade s'acquiert par un temps de service assez limité. L'avancement peut aussi, dans certaines circonstances, être le résultat de l'élection, comme en 1789 ou en 1848 dans les bataillons de volontaires ou de garde mobile. Enfin, l'avancement peut encore être le privilége de la naissance, ce qui avait lieu en France sous l'ancien régime, et ce qui a encore lieu pour certaines catégories d'individus dans les pays aristocratiques.

Nous ajouterons que l'avancement ou le passage d'un

grade à un autre ne peut être obtenu qu'après être resté un temps limité dans le grade inférieur; cette limite est abrégée en campagne, parce qu'à la guerre l'instruction est plus rapide et meilleure.

Après l'avancement, le second mode de récompenses militaires consiste dans les décorations.

Chaque pays a, en effet, un ou plusieurs ordres militaires, comme la France a eu les ordres de Saint-Michel, du Saint-Esprit, de Saint-Louis, comme elle a aujourd'hui l'ordre de la Légion d'honneur; chaque ordre présente une hiérarchie analogue à celle que nous trouvons dans notre pays, où l'on voit des grands-croix, des grands officiers, des commandeurs, des officiers et des chevaliers.

En France, la même décoration sert à récompenser les services civils et les services militaires. Il est bon qu'il en soit ainsi, afin de rappeler aux militaires qu'ils sont, avant tout, citoyens, et que dans toutes les carrières, on peut rendre également des services à son pays.

Chaque pays a de plus des médailles militaires qui servent de récompenses ou qui servent à perpétuer le souvenir d'événements remarquables.

On peut encore ranger dans la catégorie dont nous nous occupons les armes d'honneur, en usage sous la République, sous l'Empire, et que l'on retrouve aujourd'hui en Russie.

Comme troisième mode de récompenses militaires, nous trouvons les pensions. Les unes sont accordées pour faits de guerre, comme les dotations du premier Empire, comme celles du vainqueur de Sébastopol, du général de l'expédition de Chine, comme les pensions accordées par le Parlement d'Angleterre, à la suite de la guerre de Crimée et de la guerre des Indes. Les autres sont accordées pour ancienneté de services, comme retraites, et représentent à la fois une récompense et un droit. Elles imposent en France une lourde charge au Trésor; en Prusse et en Russie, elles sont moins onéreuses, parce que le gouvernement réserve aux anciens militaires une grande partie des emplois civils; en Angleterre, il y a peu de pensions de retraite pour les officiers, en raison de la vente des grades; l'on n'en voit qu'un petit nombre pour les officiers nommés par le gouvernement.

Enfin, il faut encore compter comme récompenses militaires les titres honorifiques, ceux de prince, de duc, de comte ou de baron, comme du temps du premier Empire; comme de nos jours, les ducs de Malakoff et de Magenta; comme en Angleterre, les lords faits à la suite de la guerre des Indes; comme en Russie, les titres accordés aux vainqueurs de Varsovie, des Turcs ou du Caucase. C'est là l'origine de l'ancienne noblesse, et parmi les diverses récompenses militaires, c'est la moins coûteuse pour les gouvernements, et, dans certaines circonstances, la plus puissante.

Nous ajouterons que, comme les Grecs et les Romains, nous élevons des statues aux généraux qui ont illustré notre pays; mais cette distinction s'accorde plutôt aux morts qu'aux vivants.

Le système des récompenses que nous venons de voir, combiné avec celui de la justice militaire, fournit les moyens et les bases de la discipline.

II.

Après avoir assuré la discipline de l'armée, il faut pourvoir à ses besoins, et régler le compte des dépenses qu'elle occasionne, c'est-à-dire qu'il faut établir, pour elle, un système d'administration qui, permette de réunir avec intelligence et économie les objets de consommation nécessaires aux troupes, qui en assure la distribution régulière et enfin qui mette de l'ordre dans toutes les dépenses militaires.

L'histoire, sous le rapport de l'administration, ne nous a laissé que des documents incomplets. Mais il est aisé de concevoir comment subsistaient les petites armées des républiques de la Grèce, qui ne faisaient la guerre qu'à quelques lieues de leur territoire et pendant la saison des récoltes. On comprend, de même, comment vivaient les armées romaines au commencement de leur histoire. Plus tard, le soldat eut une solde réglée, au moyen de laquelle il dut pourvoir à certains de ses besoins ; de plus, on faisait des distributions de grains, de vin et de vinaigre ; enfin, la guerre nourrissait la guerre, et les pays envahis souffraient beaucoup plus qu'aujourd'hui, où les contributions de guerre dépassent rarement les impôts ordinaires. Les invasions des barbares et le moyen âge ne nous rappellent que des temps de violence, de spoliation et de pillage. Puis, nous voyons Charles VII créer des commissaires des vivres, Sully organiser l'administration des armées de Henri IV, Louvois créer les intendants d'armée, les commissaires des guerres, des magasins d'approvisionnements et des officiers de santé ; sous sa direction notre système administratif fait de grands progès. — La Révolution vint ensuite, comme pour tous les autres services publics, jeter une confusion extrême dans notre administration militaire. Le premier Consul y rétablit l'ordre, et en moins de six mois, dit M. de Barante, il fit rayer des contrôles 170,000 hommes qui n'existaient pas, et pour lesquels, néanmoins, le gouvernement du Directoire payait une solde, des vivres et des effets d'habillement. Aujourd'hui, notre administration militaire s'est encore perfectionnée depuis l'Empire ; on l'a vue, en Crimée et en Italie, suffire à tous les besoins de nombreuses armées. Elle forme une des deux branches des attributions du ministre de la guerre : la première est le commandement, la seconde est l'administration. Elles sont intimement liées l'une à l'autre.

Les principes généraux de l'administration sont à peu près les mêmes dans toute l'Europe, parce que les besoins des armées sont partout les mêmes. Il y a seulement des différences dans la manière d'appliquer ces principes, parce que les ressources des divers peuples ne sont pas égales, parce que les gouvernements n'ont pas les mêmes moyens financiers, et que l'industrie privée est plus ou moins avancée et a plus ou moins d'initiative.

L'administration fournit aux divers besoins de l'armée, c'est-à-dire à sa solde, à sa nourriture, à son habillement, à son chauffage, au traitement de ses malades, et, par suite, elle comprend le service des vivres et des fourrages, celui de la solde, celui des hôpitaux, celui de l'habillement et du campement, celui des transports militaires. Elle a besoin pour son exécution d'un personnel spécial, indépendamment des officiers et sous-officiers comptables qui administrent les corps de troupes. Ce personnel comprend d'abord un corps particulier, chargé de la direction et du contrôle, et ensuite des agents et des corps pour l'exécution matérielle des différents services. C'est ainsi qu'en France, nous avons le corps de l'intendance avec les officiers et les troupes d'administration, et qu'à l'étranger nous trouverons des corps de l'intendance, du commissariat, de l'administration, etc...

La sixième partie ou le sixième élément des institutions militaires d'un État comprend l'ensemble de ses méthodes d'instruction.

L'instruction, en général, est la connaissance des devoirs que l'on a à remplir dans la profession que l'on exerce. Pour l'état militaire, l'instruction est la connaissance des manœuvres sous le rapport théorique et sous le rapport pratique ; c'est encore la connaissance des divers règlements relatifs aux devoirs du métier, comme le service intérieur, le service des places ou le service en campagne ; enfin, il faut joindre à cette instruction militaire proprement dite l'instruction intellectuelle, qui, comme nous le disions précédemment, a pour objet de transformer l'armée en une grande école de perfectionnement pour toute la population du pays.

On peut dire encore que l'instruction militaire pour chaque grade n'est autre chose que la manière de se servir des instruments de guerre mis à sa disposition. Pour le soldat, ce sera l'escrime de son arme ; pour l'officier, ce sera la manière d'instruire, d'administrer et de faire combattre la fraction qu'il commande. Enfin, pour le général, l'instruction militaire embrasse toutes les parties de l'art de la guerre, tous les principes relatifs à l'organisation et à l'emploi des armées.

L'instruction militaire a été considérée de tout temps comme fort importante. Xénophon donne quelques détails sur celle des armées de la Grèce; Polybe et Végèce sur celle des armées romaines; nos anciens chroniqueurs, et particulièrement Froissard, nous font connaître les exercices du moyen âge. Mais l'instruction de ces diverses époques, basée sur l'usage des armes de main, ne présente plus maintenant qu'un intérêt secondaire. — Il n'en est pas de même des règlements de François Ier, de Henri IV au commencement du XVIIe siècle, de Richelieu en 1639, de Louvois et, enfin, des ordonnances plus récentes de nos derniers gouvernements, depuis Louis XV jusqu'à nos jours. C'est dans l'étude de ces règlements que l'on trouve les principes de l'instruction militaire moderne.

La partie pratique de cette instruction se fait au moyen des cadres, chaque grade devant instruire l'unité à laquelle il correspond. On commence par l'instruction individuelle, qui apprend au soldat à marcher le pas militaire et à manier son arme régulièrement. On passe ensuite aux écoles du peloton, du bataillon, des tirailleurs. On y joint le tir à la cible, l'escrime, les exercices gymnastiques, afin de rendre les hommes lestes, adroits et vigoureux. « Le « soldat maladroit, dit Végèce, n'est jamais qu'un « conscrit, quelle que soit son ancienneté. » Ces premiers détails d'instruction forment ce que l'on peut appeler l'instruction régimentaire; il y a ensuite une instruction d'ensemble pour les trois armes réunies, et comprenant les manœuvres des brigades, des divisions et des corps d'armée.

Pour l'instruction théorique, elle comprend les diverses ordonnances sur les services ou sur les manœuvres, avec les règlements relatifs à l'entretien des armes, à l'administration militaire, à la justice militaire, etc... Elle devient de plus en plus complète à mesure que l'on s'élève en grade.

Enfin l'instruction intellectuelle, qui se retrouve plus ou moins développée dans toutes les armées européennes, a pour objet d'apprendre aux sous-officiers et aux soldats les éléments de la lecture, de l'écriture, du calcul, avec quelques notions d'histoire, de géographie et de fortification. Elle comporte ordinairement des écoles de plusieurs degrés. En France, nous avons des écoles de deux degrés : celles du premier degré donnent l'instruction primaire ; celles du deuxième degré offrent une instruction plus complète ayant pour principal objet de préparer les sous-officiers à devenir officiers. Pour l'instruction intellectuelle des officiers, il y a des écoles militaires, des écoles de cadets, des écoles de division, destinées à former des sous-lieutenants et, de plus, des écoles d'application pour les états-majors et les services spéciaux.

Le complément indispensable de l'instruction d'une armée et la meilleure manière de la préparer à la guerre est de la faire séjourner dans un camp. — C'est au camp de Boulogne que la grande armée de Napoléon s'était préparée aux manœuvres de 1805, 1806 et 1807, ainsi qu'aux immortelles batailles d'Austerlitz, d'Iéna et de Friedland.

« Les camps seuls, dit le maréchal Marmont, don-
« nent aux troupes pendant la paix les habitudes et
« l'instruction qui leur conviennent. Je voudrais que
« des camps permanents fussent formés dans des pro-
« vinces qui n'ont qu'une culture misérable, comme

« la Champagne, et qu'un baraquement durable y fût « disposé pour recevoir 30,000 hommes. Pendant « trois mois, les mêmes troupes l'occuperaient. »

L'Empereur, en créant le camp de Châlons, a réalisé le vœu du maréchal.

Les camps sont excellents, non-seulement pour l'instruction des troupes, mais encore pour leur esprit, leur discipline, leur santé, leurs forces physiques, en un mot pour tous les détails de leur éducation militaire. C'est le moyen d'aguerrir de jeunes troupes ; c'est en même temps le moyen de rétablir la discipline parmi de vieilles légions qui l'ont perdue.

Caton, appelé au commandement de l'armée d'Espagne, la trouve disséminée dans les villes, inactive, livrée à des débauches de toute espèce. Il la fait camper. Il accable ses soldats des plus rudes travaux : « Romains indignes, leur dit-il, jusqu'à ce que vous « sachiez vous laver dans le sang, je vous laverai dans « la boue. »

La dernière partie de l'étude des institutions militaires d'un peuple est l'étude de ses établissements du matériel, et c'est en même temps le dernier élément qu'il faut présenter pour compléter le tableau de son système militaire.

Ces établissements correspondent aux divers besoins de l'armée permanente du pays, et de plus ils ont pour objet d'assurer pendant la paix la fabrication, la réunion et la conservation de tous les moyens matériels qui sont nécessaires pour faire la guerre.

C'est ainsi que l'administration a besoin de magasins pour la réunion et la conservation de ses approvisionnements de toute espèce : vivres, fourrages, chauffage, habillement et campement ; qu'elle a besoin de manutentions pour la fabrication du pain et du biscuit; d'hôpitaux pour soigner les malades, etc.....

C'est ainsi que la justice militaire réclame des locaux pour ses divers conseils, des prisons, des pénitenciers ou des ateliers disciplinaires pour l'application des peines militaires.

C'est ainsi encore que l'artillerie, qui est chargée de l'armement de l'armée, demande des manufactures d'armes, des fonderies de canons, des poudreries, des raffineries de salpêtre, des ateliers de pyrotechnie, des capsuleries, des forges, des parcs de construction et des arsenaux pour la conservation et l'emmagasinement des armes de toute espèce.

C'est ainsi enfin que le génie, qui est chargé du casernement des troupes et des places fortes nécessaires à la défense du territoire, réclame à son tour des casernes pour les diverses armes, des champs de manœuvres, des hôtels pour les généraux, des dépôts de remonte, des écoles militaires, enfin des ouvrages de fortification qui sont destinés à couvrir le pays et et à appuyer les manœuvres des armées.

A l'étude des établissements militaires d'un peuple, l'on peut rattacher deux questions importantes : celle de l'armement des troupes, qui présente beaucoup d'intérêt par suite des inventions nouvelles, et celle du système de défense de l'État par les places fortes, qui demanderait également de grands développements. Dans tous les cas, il n'y a pas de bonnes institutions militaires sans un bon ensemble d'établissements du matériel et sans un système complet de frontières et de places fortes.

Nous terminerons ici l'étude générale des institutions militaires des États, en rappelant que ces institutions comportent sept éléments principaux, savoir :

une armée permanente qui est le principal élément de la force du pays; un ensemble de réserves qui ont pour but d'augmenter ou de diminuer l'effectif de l'armée, suivant les circonstances; un mode de recrutement et de remonte qui fournit à l'armée des hommes et des chevaux; des moyens de discipline basés sur l'organisation d'un système de punitions et d'un système de récompenses; une administration ayant pour objet de satisfaire aux besoins matériels des troupes; des méthodes d'instruction destinées à préparer l'armée à ses divers services de paix et de guerre; enfin, un ensemble d'établissements formant la partie matérielle de l'organisation, la richesse militaire de l'État et les ressources du temps de guerre.

Ces sept éléments des institutions militaires des États se retrouvent aujourd'hui chez toutes les nations militaires.

CINQUIÈME LEÇON.

Système militaire de l'Empire français. — Considérations générales.
Organisation de l'armée permanente. — Troupes. — États-majors et divers services.
Réserves. — Recrutement et divers autres éléments de nos institutions militaires.

I.

Nous avons vu les principes généraux sur lesquels reposent les institutions militaires des États. Nous allons voir maintenant l'application de ces principes chez les diverses puissances de l'Europe. Pour cela, nous présenterons successivement le tableau des institutions militaires de la France, de la Prusse, de l'Autriche et de la Russie, d'une manière aussi complète que nous le permettront les différents documents que nous avons pu nous procurer. A la leçon sur le système militaire de l'Autriche, nous ajouterons quelques mots sur la nouvelle armée de l'Italie; à la lecon sur le système militaire de la Russie, nous ajouterons quelques mots sur l'organisation de l'armée britannique; et de cette manière nous connaîtrons l'ensemble des principales forces militaires de l'Europe.

Pour chaque pays, nous commencerons par indiquer la forme de son gouvernement, le chiffre de sa population, l'état de ses finances, la nature de ses frontières, en un mot tous les éléments qui se rattachent à sa puissance militaire et qui contribuent à lui donner une influence plus ou moins grande sur les affaires du monde. Après ces considérations générales, nous suivrons, pour l'étude des institutions militaires proprement dites, la marche que nous avons suivie dans les leçons précédentes pour l'étude des principes généraux, et nous chercherons à remplir le cadre que nous avons tracé. Parlons d'abord de la France.

La forme du gouvernement en France est celle d'un empire constitutionnel. L'Empereur, élu par le suffrage universel, gouverne avec la constitution de 1852, imitée dans l'origine de celle de l'an VIII, mais modifiée à plusieurs reprises.

La population de la France est, d'après le recensement de 1862, de 37,382,225 habitants; en y comprenant l'Algérie, on peut dire que la population de la France est d'environ 40 millions d'habitants.

Le budget français est d'environ 2 milliards, et la dette de 12 milliards; le budget particulier du ministère de la guere est d'environ 400 millions. Ces charges sont évidemment considérables; mais cependant elles ne paraissent pas disproportionnées aux ressources pécuniaires de notre pays; la fortune publique est grande, les impôts se paient facilement, les réserves métalliques sont considérables, enfin les emprunts faits sous le gouvernement impérial, particulièrement pour les guerres de Crimée et d'Italie, non-seulement ont été couverts rapidement, mais encore dépassés de beaucoup.

Les frontières de la France, sauf celle du nord, sont dessinées par la nature et couvertes par des obstacles respectables. L'annexion de Nice et de la Savoie nous a donné vers l'Italie notre frontière naturelle et a complété de ce côté notre territoire.—Quant à la frontière du Rhin, nous l'avons eue à plusieurs reprises, mais nous l'avons toujours perdue en la dépassant. Aujourd'hui la faiblesse de notre frontière du Nord et son voisinage de la capitale nous forcent à entretenir une armée plus nombreuse et un état militaire plus considérable.

Nous ajouterons que la France forme un Etat compacte, homogène, dont tous les habitants parlent la même langue, professent la même religion, et sont habitués depuis plus de deux siècles à vivre sous un même gouvernement. Ses voies de communication sont remarquablement organisées; son administration est extrêmement centralisée, et au point de vue de la force d'un pays, on ne peut nier que la centralisation ne soit une chose excellente; son industrie est très-perfectionnée et assure la bonté du matériel de guerre; enfin, non-seulement la population de la France est homogène, riche et industrieuse, mais elle est encore intelligente et très-sensible à la gloire du pays.

L'armée française, comme la population de la France, se distingue par son unité et son homogénéité; elle ne présente aucune différence de langue, de classe ou de race; l'avancement accessible à tous, et le sentiment très-développé de l'honneur national donnent à notre armée deux ressorts très-puissants et deux mobiles que l'on ne retrouve pas dans toutes les armées étrangères.

Enfin nos institutions militaires nous donnent une grande force, une grande importance et nous permettent d'exercer une influence considérable sur les affaires du monde.

II.

La force publique en France présente trois éléments principaux : l'armée permanente, la réserve de l'armée et les réserves nationales. Nous allons examiner successivement ces trois éléments et commencer par le premier, l'armée permanente.

L'armée permanente est forte de 400,000 hommes sur le pied de paix et peut être portée à 800,000 hommes sur le pied de guerre par l'appel de la réserve.

L'armée permanente est organisée de la manière suivante :

A sa tête, nous trouvons l'Empereur, entouré d'une maison militaire composée d'aides de camp et d'officiers d'ordonnance. L'Empereur, pour le commandement de l'armée et pour la transmission de ses ordres, se sert comme intermédiaire du ministre de la guerre, lequel a près de lui pour le seconder des comités d'armes et le personnel du ministère de la guerre.

Nous trouvons ensuite l'état-major général, comprenant :

Des maréchaux de France, dont le nombre est de 6 en temps de paix et de 12 en temps de guerre ;
Puis 80 généraux de division ;
Et 160 généraux de brigade.

Ces trois classes de généraux sont destinées à commander les grandes fractions de l'armée permanente : armées, corps d'armée, divisions, brigades. Dans plusieurs armées européennes, il y a des généraux d'armée, de corps d'armée, de division et de brigade, c'est-à-dire quatre classes de généraux correspondant aux quatre grandes unités de l'organisation. Cette disposition permet de ne jamais subordonner les uns aux autres des officiers de même grade, — ce qui est très-important, suivant le maréchal Marmont. — Indépendamment des officiers généraux que nous venons d'énumérer et qui forment le cadre d'activité, il y en a un nombre presque égal qui forment le cadre de réserve et qui peuvent rendre des services en temps de guerre.

Après l'état-major général vient le corps d'état-major dont les officiers sont destinés à seconder les généraux dans les détails de leurs commandements. Ce corps comprend 580 officiers, savoir :

35 colonels;
35 lieutenants-colonels;
110 chefs d'escadrons;
300 capitaines;
100 lieutenants.

L'état-major général et le corps d'état-major forment la tête de l'armée et représentent le cadre des grandes unités de l'organisation.

A la tête des troupes, nous trouvons l'escadron des cent-gardes, destiné à la garde particulière de l'Empereur, avec l'escadron des gendarmes d'élite.

Puis vient la garde impériale, représentant pour l'armée une réserve d'élite et donnant en même temps le moyen de récompenser d'anciens soldats. Elle a été créée par un décret du 1er mai 1854 et réorganisée en 1855 et en 1865.

Elle se compose de 2 divisions d'infanterie et d'une de cavalerie.

La 1re division d'infanterie comprend :

4 régiments de voltigeurs;
1 bataillon de chasseurs à pied.

La seconde division comprend :

3 régiments de grenadiers;
1 régiment de zouaves.

Chaque division se subdivise en deux brigades.

La division de cavalerie est formée de trois brigades.

La première comprend :

1 régiment de chasseurs ;
1 régiment de guides.

La seconde comprend :

1 régiment de dragons ;
1 régiment de lanciers.

La troisième comprend :

1 régiment de carabiniers ;
1 régiment de cuirassiers.

L'artillerie de la garde se compose de :

1 régiment d'artillerie monté à 6 batteries ;
1 régiment d'artillerie à cheval également à 6 batteries ;
1 escadron du train d'artillerie.

Il y a de plus un escadron du train des équipages.

Et la garde impériale représente un corps d'armée d'élite, fort de 25 à 30,000 hommes sur le pied de guerre.

Nous arrivons à l'organisation des troupes de ligne, et nous avons d'abord l'infanterie, dont l'organisation a été réglée par l'ordonnance du 8 septembre 1841.

L'infanterie française comprend :

100 régiments de ligne ;
20 bataillons de chasseurs à pied ;
3 régiments de zouaves ;
1 régiment de sapeurs-pompiers ;
3 bataillons d'infanterie légère d'Afrique ;
1 régiment étranger ;
3 régiments de tirailleurs algériens.
Etc., etc...

Le régiment d'infanterie se compose d'abord d'un état-major, qui comprend :

1 colonel;
1 lieutenant-colonel;
3 chefs de bataillon;
1 major;
3 capitaines adjudants-majors;
1 capitaine trésorier;
1 capitaine d'habillement;
1 capitaine instructeur de tir;
1 adjoint au trésorier;
1 porte-drapeau;
1 médecin-major de 1re classe;
1 médecin-major de 2e classe;
1 aide-major;
1 chef de musique ayant rang de sous-lieutenant.

Il y a ensuite un petit état-major composé de :

4 adjudants sous-officiers;
1 tambour-major;
4 caporaux-tambours;
1 caporal-sapeur;
1 sous-chef de musique;
1 vaguemestre;
12 sapeurs;
38 musiciens.

Il y a encore une compagnie hors rang, forte de 65 hommes.

Le cadre d'une compagnie comprend :

1 capitaine;
1 lieutenant;
1 sous-lieutenant;
1 sergent-major;
1 fourrier;
4 sergents;
1 sergent instructeur de tir;
8 caporaux;

1 tambour;
1 clairon.

L'effectif de la compagnie est de 60 à 75 hommes en temps de paix, et de 120 à 150 en temps de guerre.

L'organisation des régiments a été modifiée à plusieurs reprises.

Au moment de la guerre de Crimée, chaque régiment avait 3 bataillons de 8 compagnies; 6 du centre et 2 d'élite. Il y avait alors 2 bataillons de guerre et 1 de dépôt.

Plus tard on forma 4 bataillons par régiment. Pour cela on retira de chaque bataillon les cinquième et sixième compagnies du centre et l'on forma ainsi un dépôt de 6 compagnies de fusiliers. Les bataillons de guerre restèrent formés chacun de 2 compagnies d'élite et de 4 compagnies du centre. Enfin, en 1868, les 2 compagnies d'élite furent supprimées. Aujourd'hui le régiment d'infanterie, en France, se compose de 3 bataillons actifs et 1 de dépôt.

Dans les chasseurs à pied, l'état-major du bataillon se compose de :

1 chef de bataillon;
1 capitaine-major;
1 capitaine adjudant-major;
1 capitaine instructeur de tir;
1 lieutenant trésorier;
1 lieutenant d'habillement;
1 médecin-major;
1 médecin aide-major.

Le petit état-major comprend :

1 adjudant;
1 vaguemestre;
1 sergent-major chef de fanfare;
1 caporal-clairon.

Le cadre de la compagnie de chasseurs à pied est le même que celui de la compagnie d'infanterie.

Le bataillon de chasseurs comprend 8 compagnies.

La cavalerie française est organisée d'après les dispositions de l'ordonnance du 8 septembre 1841.

Elle se compose de :

10 régiments de cuirassiers, formant la cavalerie de réserve;
12 régiments de dragons et 8 régiments de lanciers, formant la cavalerie de ligne;
12 régiments de chasseurs, 8 régiments de hussards et 4 régiments de chasseurs d'Afrique, formant la cavalerie légère;
3 régiments de spahis pour le service spécial de l'Algérie;
6 compagnies de cavaliers de remonte pour le service de l'intérieur et 3 pour le service de l'Algérie.

Les régiments de cavalerie de ligne et ceux de cavalerie de réserve sont à 5 escadrons; les régiments de cavalerie légère sont à 6.

L'état-major du régiment de cavalerie se compose de :

1 colonel;
1 lieutenant-colonel;
2 ou 3 chefs d'escadrons;
1 major;
1 capitaine instructeur;
2 ou 3 adjudants-majors;
1 capitaine trésorier;
1 adjoint au trésorier;
1 capitaine d'habillement;
1 sous-lieutenant porte-étendard;
1 médecin-major;
2 aides-majors;
1 vétérinaire en 1er;
1 vétérinaire en 2e;
1 aide-vétérinaire.

Le petit état-major comprend :

2 ou 3 adjudants;
1 adjudant-vaguemestre;
1 maréchal des logis trompette;
1 brigadier-trompette;
1 brigadier maréchal ferrant;
Avec un peloton hors rang de 45 hommes.

Le cadre d'un escadron se compose de :

1 capitaine commandant;
1 capitaine en 2e;
2 lieutenants;
3 sous-lieutenants;
1 maréchal des logis chef;
1 maréchal des logis fourrier;
6 maréchaux des logis;
1 brigadier-fourrier;
12 brigadiers.

L'effectif de l'escadron est de 125 hommes et de 100 chevaux sur le pied de paix; il peut être porté au double en temps de guerre.

Les cadres de la cavalerie sont proportionnellement plus nombreux que ceux de l'infanterie; mais il faut remarquer que les officiers et sous-officiers de cavalerie surveillent à la fois des hommes et des chevaux et de plus qu'ils sont eux-mêmes des combattants.

L'artillerie est organisée d'après les dispositions du décret du 13 mai 1867.

Il y a d'abord un état-major compcsé de :

8 généraux de division;
16 généraux de brigade qui appartiennent à l'état-major général;
32 colonels;
38 lieutenants-colonels;
100 chefs d'escadron;
130 capitaines.

Et quelques lieutenants, ce qui porte l'état-major de l'artillerie à environ 300 officiers.

Les troupes se composent de :

15 régiments montés ;
1 régiment de pontonniers, le 16e ;
4 régiments à cheval.

Aux 20 régiments d'artillerie, il faut joindre :

10 compagnies d'ouvriers d'artillerie ;
1 compagnie d'armuriers ;
6 compagnies d'artificiers ;
2 régiments du train d'artillerie.

Les régiments d'artillerie montée ont 8 batteries montées et 4 à pied ; les régiments à cheval ont 8 batteries à cheval.

L'état-major d'un régiment d'artillerie comprend :

1 colonel ;
1 lieutenant-colonel.

Un nombre de chefs d'escadron calculé d'après le nombre des batteries ; 5 dans les régiments montés et 4 dans les régiments à cheval ;

1 major ;
1 trésorier ;
1 instructeur d'équitation ;
2 adjudants-majors ;
1 officier d'habillement ;
1 adjoint au trésorier ;
3 médecins (major et aides-majors) ;
3 vétérinaires (en 1er, en 2e et aide).

Le petit état-major comprend :

3 adjudants ;
1 chef artificier ;
1 maréchal des logis trompette ;
1 brigadier-trompette ;
Avec un peloton hors rang de 47 hommes.

Le cadre d'une batterie montée sur le pied de guerre se compose de :

1 capitaine commandant;
1 capitaine en second;
1 lieutenant en premier;
1 lieutenant en second ou sous-lieutenant;
1 adjudant;
1 maréchal des logis chef;
8 maréchaux des logis;
2 fourriers;
12 brigadiers;
8 artificiers.

L'effectif de la batterie est d'environ 150 hommes avec 100 chevaux.

Après avoir vu les corps de ligne et les trois armes principales, infanterie, cavalerie, artillerie, il nous reste à voir les corps hors ligne, les états-majors et les divers services.

Les corps hors ligne sont : le génie, la gendarmerie, les troupes d'administration et le train des équipages.

Le génie, comme l'artillerie, se compose d'un état-major et de troupes. L'état-major comprend 4 généraux de division et 8 généraux de brigade, qui font en même temps partie de l'état-major général (nous les rappelons pour mémoire); puis :

29 colonels;
29 lieutenants-colonels.

Avec un nombre proportionné de :

Chefs de bataillon;
Capitaines en 1er et en 2e;
Lieutenants;
Sous-lieutenants.

Les troupes se composent de :

3 régiments à 2 bataillons ;
1 compagnie d'ouvriers.

La gendarmerie se compose de :

26 légions départementales ;
1 légion pour le service de l'Algérie ;
4 compagnies de gendarmerie coloniale ;
La garde de Paris ;
1 compagnie de gendarmes-vétérans.

Les troupes d'administration se composent de :

1 section de commis aux écritures des bureaux de l'intendance ;
9 sections d'infirmiers ;
13 sections d'ouvriers d'administration, dont la 13e est destinée à l'habillement et au campement.

Le corps des équipages militaires se compose de 3 régiments, organisés par le décret du 29 janvier 1869, et de 4 compagnies d'ouvriers employés dans les parcs de construction et de réparation.

Les états-majors et les divers services sont d'abord l'état-major général et le corps d'état-major que nous avons vus précédemment et qui forment la tête de l'organisation.

Nous trouvons ensuite le corps de l'intendance, chargé de l'administration de l'armée, et comprenant :

8 intendants généraux inspecteurs ;
26 intendants militaires ;
50 sous-intendants de 1re classe ;
100 sous-intendants de 2e classe ;
56 adjoints de 1re classe ;
24 adjoints de 2e classe.

Formant un total de 264 officiers.

Puis vient l'état-major des places, qui comprend :

144 commandants de place de diverses classes ;
12 majors de place ;
173 adjudants de place ;
25 secrétaires-archivistes divisionnaires :
9 secrétaires-archivistes de place ;
5 aumôniers.

Ce qui fait un total de 368 officiers.

Le service de santé, qui vient après l'intendance, comprend des médecins et des pharmaciens, savoir :

8 inspecteurs, dont 7 médecins et 1 pharmacien ;
90 principaux, dont 45 de 1re classe et 45 de 2e classe ;
638 majors de 1re et de 2e classe, répartis dans les hôpitaux et dans les régiments ;
570 aides-majors de 1re et de 2e classe, employés de la même manière.

Le total des officiers de santé est de 1306.

Il faut y joindre des vétérinaires au nombre de 330 environ, et dont la hiérarchie comporte des vétérinaires principaux, des vétérinaires de 1re et de 2e classe, et des aides vétérinaires.

Enfin, nous trouvons les officiers d'administration, dont 325 des hôpitaux, 80 de l'habillement et du campement, 325 des subsistances et 500 des bureaux de l'intendance. Chacun de ces services présente une hiérarchie composée d'officiers principaux, de comptables de 1re et de 2e classe, et d'adjudants de 1re et de 2e classe. Il faut y joindre les officiers d'administration de la justice militaire, au nombre de 68.

Tel est l'ensemble de l'organisation de l'armée permanente en France, qui forme la première et la plus importante de nos institutions militaires.

L'effectif de l'armée se décompose à peu près de

la manière suivante : pour les états-majors, environ 5,000 hommes; l'infanterie 250,000 ; la cavalerie 60,000 ; l'artillerie 37,000 ; le génie 7,000 ; les équipages 7,000 ; la gendarmerie 22,000 et les troupes d'administration 10,000; ce qui fait environ 395,000 hommes pour le pied de paix.

Dans la 2e partie de la leçon, nous allons voir successivement les six autres éléments de notre système militaire.

III.

Le deuxième élément que présente l'organisation militaire de la France est formé par le système de ses réserves.

Nous avons deux espèces de réserves : la réserve de l'armée et des réserves nationales.

La réserve de l'armée, d'après la nouvelle loi sur le recrutement, se compose des hommes qui ont accompli cinq ans de service dans l'armée active, et qui doivent encore faire partie de la réserve pendant quatre ans. La réserve comprend en outre les jeunes gens de chacun des contingents actifs, au nombre d'environ 12,000 hommes par an, maintenus dans leurs foyers après le tirage au sort. Ces jeunes gens n'ont reçu aucune espèce d'instruction militaire, mais ils ne forment qu'un élément secondaire de la réserve.

Il y a pour la réserve de l'armée un cadre sédentaire, chargé de la surveillance et des contrôles, et formé par les dépôts de recrutement à raison d'un par département ; ces dépôts sont de deux classes et chacun d'eux comprend deux officiers, un officier supérieur et un capitaine pour les dépôts de 1re classe ; un capitaine et un lieutenant pour ceux de 2e classe ; de plus, dans chaque dépôt, il y a deux sous-officiers.

Les réserves nationales, en France, se composent de la garde nationale mobile et de la garde nationale ordinaire.

La première comprend tous les jeunes gens de 20 à 24 ans qui ne font pas partie de l'armée. Son effectif est de 400,000 hommes ; mais cette institution n'est pas encore organisée d'une manière complète.

La garde nationale ordinaire compléterait en cas de guerre l'organisation militaire de la France; elle en ferait véritablement, suivant l'expression de Napoléon Ier, une nation maçonnée à chaux et à sable, capable de défier l'effort des hommes et du temps.

Après les réserves vient le recrutement.

Le recrutement se fait en France par appels, engagement volontaire et rengagement.

L'âge de l'appel est de 20 ans. La durée du service est de 9 ans, dont 5 ans dans l'armée et 4 ans dans la réserve.

Le contingent annuel est voté par le Corps législatif. Dans les circonstances normales, il est de 100,000 hommes, dont une partie pour la marine, dont une autre partie forme les déduits, et dont une troisième partie est maintenue dans ses foyers. Le contingent peut aller jusqu'à 160,000; car voici comment se décompose un contingent français. Il y a chaque année 325,000 jeunes gens qui atteignent l'âge de 20 ans et qui représentent le reste de 530,000 naissances masculines. Parmi eux il y en a 109,000 qui sont exemptés pour infirmités ou pour défaut de taille. Il y en a environ 57,000 exemptés comme fils aînés de veuves, comme ayant des frères sous les drapeaux, comme nécessaires au soutien de parents âgés ou infirmes. Cela fait 166,000 hommes. Il reste donc environ 160,000 hommes propres au service.

L'âge moyen de nos soldats est de 24 à 25 ans. Il paraît le meilleur que l'on puisse adopter. En Crimée, nos régiments ainsi composés ont mieux résisté aux fatigues et aux maladies que les gardes anglaises formées d'hommes dans la force de l'âge. De plus, le recrutement français donne dans de justes proportions des habitants des villes et des cultivateurs ; les premiers apportent dans l'armée une intelligence plus développée et une certaine habileté industrielle ; les autres apportent dans l'armée la force du corps et l'habitude des travaux de la terre. On a remarqué qu'en Russie, avant l'émancipation des serfs, l'armée russe ne comprenait guère que des cultivateurs, les serfs qui avaient une industrie étant gardés par leurs seigneurs, de sorte que l'armée russe remuait facilement la terre, comme elle l'a prouvé à Sébastopol, mais elle n'était pas industrieuse. On a remarqué également que l'armée anglaise, qui se recrute surtout dans le peuple des villes, ne maniait pas, comme la nôtre, la pelle et la pioche.

Nous ajouterons que le service du recrutement est fait en France par les dépôts de recrutement et de réserve, dont nous avons vu l'organisation à raison d'un par département ; que les autorités civiles sont chargées de la désignation du contingent, et qu'une commission mixte nommée *conseil de révision* est chargée de son examen et de sa répartition.

L'organisation du système de remontes présente des circonscriptions qui correspondent aux régions de production chevaline, le Nord, l'Ouest et le Midi.

Ces circonscriptions comprennent chacune un certain nombre de dépôts de remonte, et le total de ces établissements pour la France est de 24. Il y en a d'autres pour l'Algérie, à raison d'un par province.

Il y a deux écoles de dressage à Saumur et à Paris, et trois dépôts d'étalons en Algérie.

Le personnel de ces divers établissements est formé d'officiers de cavalerie, détachés de leurs régiments et placés hors cadres. Il y a de plus, dans chacun d'eux, un ou plusieurs vétérinaires. Les cavaliers de ces établissements sont les cavaliers de remonte, organisés en 6 compagnies pour la France et en 3 compagnies pour l'Algérie.

Passons à la discipline. On a remarqué depuis longtemps qu'en général il faut conduire le soldat français par la raison, la justice, la douceur, quelquefois par l'enthousiasme, rarement par la force ou par la crainte : aussi la discipline de notre armée est-elle douce et facile. Elle n'admet pas les châtiments corporels et elle repose surtout sur l'emploi des moyens moraux. Elle a pour bases, d'une part, la justice militaire, qui inflige les punitions, et d'autre part un système d'avancement et de récompenses pour rémunérer les services militaires.

La justice militaire a été organisée par la loi du 9 juin 1855, qui détermine la composition et le nombre des divers conseils.

Il y a d'abord des conseils d'enquête et des conseils de discipline qui sont temporaires et que l'on rassemble seulement au moment du besoin.

Il y a ensuite des conseils de guerre et des conseils de révision qui sont organisés d'une manière permanente. Chaque division militaire a un ou deux conseils de guerre suivant son importance; il y a ensuite deux conseils de révision à Paris et à Lyon, et un en Afrique. Les membres de ces conseils sont renouvelés tous les six mois ; mais les commissaires impériaux et les rapporteurs sont nommés par le ministre, et sont permanents. Ils sont pris parmi les officiers en activité et parmi les officiers en retraite ; on leur donne des substituts si le nombre des affaires l'exige.

Pour l'application des peines prononcées par les divers conseils, il y a des établissements spéciaux, tels que ateliers de travaux publics, pénitenciers et prisons.

L'avancement a lieu de deux manières : au choix et à l'ancienneté. La loi de 1832, que l'on fait connaître à l'école dans le cours d'administration, détermine la part qui revient à chacun, ainsi que le temps minimum à passer dans chaque grade.

Les autres récompenses militaires sont la Légion d'honneur, dont la hiérarchie présente cinq degrés; la Médaille militaire, instituée particulièrement pour les sous-officiers et soldats; les médailles commémoratives pour les événements de guerre importants; enfin, les pensions et les titres honorifiques.

Nous arrivons à l'administration. En indiquant précédemment l'organisation de l'armée, nous avons vu le personnel des corps administratifs. Quant aux principes d'administration de l'armée française, leur exposé rentre évidemment dans le cours d'administration de l'école.

Nous passons à l'instruction. L'instruction militaire pratique a lieu d'abord dans les régiments, au moyen des cadres et en suivant la progression méthodique que nous avons indiquée; ensuite dans les camps ou dans les grandes garnisons pour les manœuvres d'ensemble et lorsqu'il est possible d'y réunir les troupes en nombre assez considérable.

L'instruction théorique se fait également au moyen des cadres.

L'instruction intellectuelle est donnée dans les corps au moyen des écoles du premier et du deuxième degré; elle est encore donnée dans les établissements spéciaux suivants, savoir :

1° Le Prytanée impérial militaire de la Flèche, destiné à l'éducation des enfants d'officiers sans fortune ou de sous-officiers tués à l'ennemi;

2° L'École de Saint-Cyr, destinée à former des officiers pour l'infanterie, la cavalerie et l'infanterie de marine;

3° L'École de cavalerie, destinée à former des instructeurs de cavalerie;

4° L'École d'état-major, destinée à former des officiers d'état-major;

5° L'École polytechnique, dont l'objet est de former des élèves pour les différents services publics, et pour l'artillerie, le génie et la marine;

6° L'École d'application de l'artillerie et du génie à Metz, composée des élèves sortis de l'École polytechnique et qui se destinent au service de ces deux armes;

7° Les Écoles de médecine de Paris et de Strasbourg, qui ont pour objet d'assurer le service de santé;

8° Les Écoles vétérinaires, qui atteignent un but analogue;

9° L'École normale de tir de Châlons, destinée à perfectionner dans l'armée l'instruction du tir;

10° L'École normale de gymnastique, établie à la redoute de la Faisanderie, près de Vincennes, et destinée à former, pour l'instruction des régiments, des officiers et sous-officiers instructeurs.

Nous voici arrivés au septième et dernier élément de nos institutions militaires et aux établissements du matériel. La France est une des nations les plus riches de l'Europe, sous le rapport de ses établissements militaires. En voici le tableau succinct :

Nous placerons d'abord en tête de nos établissements le dépôt de la guerre, établissement militaire et scientifique, sur lequel nous reviendrons plus tard avec détails.

Puis nous avons, pour les différents services administratifs, des manutentions, des magasins pour les effets et pour les subsistances, des hôpitaux pour le service de santé et à Paris un hôtel des invalides pour les vieux soldats de toutes armes.

Pour la justice militaire, nous avons des hôtels de conseils de guerre, des prisons, des pénitenciers et des ateliers de travaux publics.

Pour la fabrication, la réparation et la conservation des armes, l'artillerie a :

Un dépôt central à Saint-Thomas-d'Aquin;
4 manufactures d'armes;
2 fonderies de canons;
5 poudreries;
1 capsulerie à Paris;
Des forges organisées en 6 inspections, et qui ne sont autres que des forges civiles, où les commandes de l'État sont surveillées par des officiers d'artillerie;
Une École de pyrotechnie à Metz, où l'on fabrique les fusées de guerre;
Enfin, 8 arsenaux où l'on construit et l'on conserve le matériel.

Le génie, qui est chargé du casernement et des places, a pour ce service :

Des casernes pouvant contenir 400,000 hommes et 80,000 chevaux, c'est-à-dire, l'effectif de paix; puis des hôtels et des bâtiments de toute sorte pour les généraux, les écoles, les dépôts de remonte, etc.; ensuite, des places fortes qui assurent la défense du territoire, et qui sont au nombre d'environ 350, en y comprenant les forts, les citadelles, les batteries et les postes fortifiés; enfin, pour son service particulier, le génie possède un arsenal du génie, trois écoles régimentaires, un dépôt des fortifications et une galerie de plans-reliefs à Paris.

Tel est le tableau abrégé des institutions militaires de la France, auxquelles il faut joindre nos forces maritimes, qui comprennent une flotte de combat formée de vaisseaux cuirassés et à éperon ; puis une flottille pour la défense des côtes ; et une flotte de transport pouvant recevoir 40,000 hommes et 1200 chevaux.

En terminant cette étude de notre système militaire, nous remarquerons que c'est surtout en voyant fonctionner des institutions que l'on peut en apprécier la valeur ; or, les nôtres ont été éprouvées dans deux guerres récentes, la guerre de Crimée et la guerre d'Italie ; et l'on peut dire que si quelques détails n'ont pas été complétement satisfaisants, l'ensemble a cependant fonctionné avec ordre, avec régularité et avec énergie.

Il est évident que nos institutions militaires ne sont pas parfaites, qu'elles sont encore, qu'elles seront toujours susceptibles de nombreux perfectionnements ; mais leur étude montre des progrès considérables et constants, progrès dus particulièrement à Sully et à Louvois sous l'ancienne monarchie, à Carnot sous la République, au maréchal Gouvion Saint-Cyr et au maréchal Soult à l'époque moderne.

SIXIÈME LEÇON.

Institutions militaires de la Prusse. — Considérations générales.
Organisation de l'armée permanente. — États-majors. — Corps de ligne et corps hors ligne.
Des réserves. — Landwehr et landsturm. — Organisation d'ensemble de l'armée prussienne et suite des institutions militaires du pays.

I.

La Prusse est un État essentiellement militaire, qui a été créé, qui s'est agrandi et qui s'est toujours soutenu par les armes.

Si nous jetons un coup d'œil sur son histoire, nous voyons qu'à l'époque de la féodalité, la Prusse n'est qu'un petit fief impérial d'une importance très-secondaire qui s'appelle le margraviat de Brandebourg. Bientôt elle s'annexe un Etat que l'épée des chevaliers Teutoniques avait fondé au commencement du XIIIe siècle sur les bords de la Vistule, et la Prusse agrandie devient l'électorat de Brandebourg; dans les siècles suivants elle continue à s'accroître par le courage et l'économie, par les conquêtes et les achats des princes de la maison de Hohenzollern. Vers 1632 elle joue un rôle d'une certaine importance dans les guerres de Gustave-Adolphe. En 1706, l'électorat se transforme en royaume, et en 1740, à la mort de Frédéric-Guillaume, Frédéric II, son fils, traçait du pays le tableau suivant : « Les revenus, disait-il, ne montaient qu'à 7,400,000 « écus; la population pouvait aller à 3 millions « d'âmes; le feu roi laissait une épargne de 8,700,000 « écus, point de dettes, des finances bien administrées,

« mais peu de ressources. L'armée était forte de « 76,000 hommes dont à peu près 26,000 étrangers, « ce qui prouve que c'était un effort et que 3 millions « d'habitants ne pouvaient pas suffire à recruter même « 50,000 hommes, surtout en temps de guerre. »

Depuis cette époque la Prusse a fait des progrès extrêmement rapides. Grâce à la politique et aux armes de Frédéric, elle est devenue une des grandes puissances de l'Europe. Le désastre d'Iéna, en 1806, la fit un moment redescendre au second rang; mais, en 1813, 1814 et 1815, elle parvint à reconquérir plus qu'elle n'avait perdu. De 1815 à l'époque actuelle, elle a vu sa population presque doublée, sans qu'il y ait eu pour elle augmentation de territoire; ainsi, en 1815, elle avait 10 millions d'habitants; au commencement de 1866, elle en avait 18 millions. Aujourd'hui, par suite de la campagne de Bohême, elle en a 24; le recensement du 3 décembre 1867 porte 24,013,765 habitants. Et au point de vue militaire on peut dire qu'elle en a 30, car elle a organisé une confédération des États du Nord qui n'est autre chose qu'une extension de son territoire. Nous ajouterons même que pour certaines questions, elle pourrait réunir la confédération du Sud à celle du Nord, c'est-à-dire l'Allemagne tout entière, moins l'Autriche, et disposer d'une population de près de 40 millions d'habitants.

Le gouvernement prussien est une monarchie constitutionnelle et représentative; de plus l'organisation sociale présente une aristocratie puissante qui a une grande influence sur les affaires du pays.

Le budget de la Prusse, avant 1866, présentait un revenu de 135 millions de thalers, c'est-à-dire à peu près 500 millions de francs. En 1867, le budget de la

Prusse proprement dite s'éleva à 164 millions de thalers, c'est-à-dire à près de 600 millions de francs, dont 260 formaient le budget particulier de la guerre et de la marine. Mais nous observerons que pour comparer entre eux les budgets des diverses puissances, il faudrait connaître non-seulement le budget général de chacune d'elles, mais encore leurs budgets départementaux ou provinciaux, car certaines dépenses portées, en France, au compte de l'État sont portées, chez les puissances étrangères, au compte des provinces, des départements ou des comtés. Nous remarquerons de plus que sous le rapport financier, la Prusse a toujours été un modèle d'ordre, d'économie et de bonne direction, et que c'est là une des causes principales de ses agrandissements successifs.

Au commencement de 1866, les frontières de la Prusse étaient découpées d'une manière très-irrégulière; elles ne présentaient pas d'obstacles naturels, du moins sur une grande étendue, et elles étaient désavantageuses. La forme du pays était défavorable; sa longueur du Niemen à la Sarre était de plus de 1,200 kilomètres, tandis que sa largeur moyenne n'était que de 150. « La monarchie prussienne, avait pu dire le « maréchal Marmont, n'a pas de frontières défensives; « vulnérable partout, elle peut être attaquée par son « milieu et coupée en deux par un premier succès. « Elle doit donc pouvoir se défendre dans chacune de « ses parties. Le pays doit être considéré comme un « camp, et la nation doit pouvoir se transformer en « une armée. » Tout alors justifiait de la part du peuple prussien le désir de se constituer des frontières naturelles et d'obtenir une meilleure forme géographique. Il y a réussi par ses efforts dans la guerre de 1866. Aujourd'hui ses frontières du Nord et du Sud sont bien couvertes ; sa frontière occidentale, éloignée de Berlin, rapprochée de Paris, appuyée à la forte ligne du Rhin et aux grandes places de Mayence, de Cologne et de Coblentz, est bien plutôt offensive que défensive, bien plutôt menaçante que menacée; sa frontière orientale, seule, offre encore des points vulnérables.

Considérée sous le rapport de son unité, la population de la Prusse se compose d'hommes parlant la même langue et appartenant à la même race ; cependant son homogénéité est moins complète que celle de la France, et les annexions de ses diverses provinces sont relativement beaucoup plus récentes : ainsi la Poméranie a été prise à la Suède vers le commencement du XVIIIe siècle ; la Silésie a été conquise sur l'Autriche vers le milieu de la même période ; la province de Posen résulte du démembrement de la Pologne; la plus grande partie de la province de Magdebourg a été arrachée à la Saxe en 1815; la Westphalie et la province Rhénane ont été détachées de la France impériale à la même époque ; enfin, le Hanovre, la Hesse et le duché de l'Elbe sont des conquêtes de l'année 1866, et leur assimilation est loin d'être terminée. Nous ajouterons qu'à l'orient la Prusse a une province slave qui diffère des provinces allemandes et qu'à l'occident dans ses provinces du Rhin, elle a plusieurs millions de catholiques, tandis que la majorité de la population est protestante. L'homogénéité de la Prusse est donc moins complète que celle de la France ; ce qui n'empêcherait probablement pas ses citoyens de montrer de l'union et du patriotisme dans toutes les questions de politique extérieure se rattachant à l'idée de l'unité allemande.

La Prusse comptait autrefois huit provinces; elle en

a onze aujourd'hui, auxquelles il faut joindre la Saxe et les autres petits États de la confédération du Nord. Elle avait autrefois huit corps d'armée, un par province; elle en a onze maintenant, sans compter le corps de la garde; et il faut y joindre le corps saxon et les contingents des États secondaires. Chaque province prussienne se divise en deux départements ou arrondissements qui correspondent aux deux divisions du corps d'armée; ces arrondissements de divisions se partagent en arrondissements de brigades, lesquels se divisent en cercles de régiments et de bataillons, de sorte que la division politique de la Prusse correspond exactement à l'organisation militaire de son armée.

II.

La force publique en Prusse, ou plutôt dans la confédération du Nord, comprend tous les hommes en état de porter les armes, depuis 20 ans jusqu'à 50 ans. Elle présente toujours trois éléments : une armée permanente, une réserve de cette armée et des réserves nationales organisées sous le nom de landwehr ou de landsturm.

Nous nous occuperons d'abord de l'armée, dont le chiffre, sur le pied de paix, est d'environ 300,000 hommes; ce qui représente le centième de la population de la confédération.

Le roi est le chef de l'armée; il est entouré d'une maison militaire, et il se sert comme intermédiaire, pour la transmission de ses ordres, de son ministre de la guerre.

En tête de l'organisation, nous trouvons ensuite un état-major général et un corps d'état-major.

L'état-major général se compose de 4 classes d'officiers généraux, savoir : 3 feld-maréchaux, feldzeugmeister ou généraux-inspecteurs, 39 généraux d'infanterie ou de cavalerie, 57 généraux-lieutenants, et 81 généraux-majors.

Le corps d'état-major se divise en 2 parties : 1° le grand état-major qui peut être assimilé à notre dépôt de la guerre et qui se compose de : 1 général-major, 2 colonels, 1 lieutenant-colonel, 10 majors et 11 capitaines ; 2° les états-majors de divisions et de corps d'armée qui comprennent : 1 général, chef de l'état-major, 3 généraux-majors, 9 colonels, 10 lieutenants-colonels, 38 majors, 34 capitaines et quelques agrégés. Le corps d'état-major prussien est peu nombreux, parce qu'il ne fournit pas les aides de camp, lesquels sont pris dans les troupes et parce qu'il y a au dépôt de la guerre un bureau particulier pour la triangulation et la topographie.

Pour les troupes, nous avons d'abord une compagnie de chasseurs d'ordonnance (neitendes-feldjager-corps), correspondant à nos cent-gardes, et auxquels il faut joindre la gendarmerie d'élite et une compagnie de la garde du château.

Puis vient la garde royale, représentant un corps d'armée et comprenant 2 divisions d'infanterie. Chaque division se compose de 2 brigades ; chaque brigade de 2 régiments à 3 bataillons. Il y a de plus dans chaque division d'infanterie 1 bataillon de chasseurs et 1 régiment de cavalerie. La garde comprend ensuite une division de cavalerie à 3 brigades, chacune de 2 régiments. La 1re brigade se compose de 1 régiment de gardes du corps et de 1 régiment de cuirassiers ; la 2e comprend 1 régiment de hussards et 1 régiment de hulans; la 3e comprend 1 régiment de dragons et 1 régiment de hulans.

L'artillerie de la garde se compose d'un régiment organisé comme ceux de la ligne, dont nous parlerons tout à l'heure. Il y a ensuite 1 bataillon de pionniers, 1 bataillon du train, 1 escadron de gendarmerie.

La garde représente un corps d'environ 30,000 hommes.

L'infanterie de ligne comprenait, avant 1860, 32 régiments de ligne, 32 régiments de landwehr du 1er ban et 8 régiments de réserve, avec 8 bataillons de chasseurs à raison d'un par corps d'armée. En 1860, les régiments de réserve et de landwehr furent transformés en régiments de ligne, et l'infanterie prussienne se composait ainsi de 72 régiments de ligne et de 8 bataillons de chasseurs. Aujourd'hui l'armée prussienne étant augmentée d'un quart environ, son infanterie se compose de 88 régiments de ligne et de 11 bataillons de chasseurs. Il faut y joindre, pour les autres États de la confédération du Nord, 9 régiments saxons et 14 régiments des contingents divers, ce qui fait un total de 121 régiments d'infanterie de ligne.

Chaque régiment est de 3 bataillons; chaque bataillon de 4 compagnies, fortes de 125 hommes environ sur le pied de paix et de 250 sur le pied de guerre. Par suite, le bataillon, dans le premier cas, comprend environ 500 hommes et 1000 dans le second.

L'état-major du régiment comprend :

1 colonel ou lieutenant-colonel commandant;
1 major chargé de la comptabilité;
3 majors commandant les bataillons;
1 aide de camp du commandant du régiment;
3 médecins dont 1 de régiment et 2 de bataillon:
3 comptables.

Il y a ensuite un petit état-major dans lequel se trouvent 3 maîtres ouvriers et 48 musiciens.

Le cadre de la compagnie se compose de :

1 capitaine (hauptmann) ;
1 lieutenant en premier ;
3 sous-lieutenants ou lieutenants en second ;
1 enseigne ;
1 sergent-major ;
4 sergents ;
12 caporaux ;
4 tambours ou clairons.

On voit que la compagnie prussienne est un petit bataillon, dont le capitaine est monté, et qui se subdivise en 2 pelotons et en 4 sections. Elle correspond à notre division.

L'infanterie prussienne est armée du fusil à aiguille de 1866 ; mais on cherche à le perfectionner, car il paraît dépassé par les armes récentes.

La cavalerie de ligne se compose de :

8 régiments de cuirassiers ;
16 régiments de dragons ;
16 régiments de hulans ;
16 régiments de hussards.

auxquels il faut joindre environ 20 régiments des autres États de la confédération du Nord, ce qui donne un effectif de 76 régiments de cavalerie.

Les régiments sont en général à 5 escadrons, dont 4 actifs et 1 de dépôt.

L'état-major d'un régiment de cavalerie comprend :

1 colonel, lieutenant-colonel ou major commandant ;
2 majors ;
1 comptable ;
1 médecin de régiment et 1 aide ;
1 aide de camp de régiment.

Le petit état-major comprend :

1 trompette-major ;
3 maîtres ouvriers.

L'escadron se compose de :

1 capitaine (rittmeister) ;
1 lieutenant en premier ;
3 lieutenants en second ;
1 enseigne ;
1 maréchal des logis chef ;
1 fourrier ;
12 sous-officiers ou brigadiers ;
3 trompettes ;
1 maréchal ferrant ;
1 vétérinaire ;
Avec environ 120 cavaliers.

L'artillerie comprend, comme en France, un état-major et des troupes.

L'état-major se compose de généraux-majors, colonels, lieutenants-colonels, majors, etc.

Les troupes se composent d'un régiment de la garde, dont nous avons déjà parlé, et de 11 régiments de la ligne, auxquels il faut joindre un certain nombre de régiments des autres États de la confédération.

Chaque régiment a une division à cheval, forte de 3 batteries à cheval, et 3 divisions montées, comprenant chacune 4 batteries montées ; ce qui fait 15 batteries par régiment ; chaque batterie a 4 pièces sur le pied de paix et 6 sur le pied de guerre ; le matériel se compose de canons rayés, en acier, se chargeant par la culasse, de 4 et de 6. Chaque régiment d'artillerie attelle en outre 9 colonnes de munitions, composées chacune de 24 voitures ; et enfin à chaque régiment d'artillerie de campagne correspond un régiment d'artillerie de place, comprenant un certain nombre de batteries à pied.

Tels sont les 3 corps de ligne de l'armée prussienne, ou plutôt de l'armée de la confédération du Nord.

Les corps hors ligne sont :

Le génie, qui comprend un état-major et des troupes. L'état-major se compose d'officiers de tous grades. Les troupes consistent en 1 bataillon de pionniers de la garde, dont nous avons parlé précédemment ; en 11 bataillons de pionniers de la ligne, et en quelques bataillons des États secondaires. Chaque bataillon comprend 4 compagnies actives et 1 de dépôt ; la 1re compagnie est composée de pontonniers ; les 2e et 3e, de sapeurs, et la 4e, de mineurs.

Le train des équipages, chargé des transports militaires, est organisé par bataillons, à raison de 1 par corps d'armée ; il comprend, en outre, un dépôt et 2 sections d'ouvriers.

La gendarmerie est chargée de la police des armées et de celle des provinces ; il y a 1 brigade par corps d'armée et 1 par province.

Les troupes d'administration sont également organisées dans chaque corps d'armée ; de manière que ces grandes unités de guerre soient toujours au complet et prêtes à entrer en campagne.

Nous trouvons enfin en Prusse, comme en France, un corps de l'intendance, composé d'intendants, de conseillers d'intendance et d'assesseurs ; un état-major des places qui présente pour chaque place un gouverneur, un major de place, un auditeur de garnison, un médecin et un ministre ; un auditoriat ou corps de la justice militaire, etc., etc.

Tel est l'ensemble de l'armée de la confédération du Nord, dont l'effectif sur le pied de paix est d'environ 300,000 hommes.

III.

Derrière l'armée permanente, nous trouvons en Prusse, comme en France, un système de réserves, présentant une réserve de l'armée et des réserves nationales.

La réserve de l'armée est formée de sous-officiers et de soldats qui ont servi pendant un certain nombre d'années, et que l'on renvoie ensuite dans leurs foyers jusqu'à leur libération, pour constituer la réserve. Avant 1860, la durée du service militaire était de 5 ans, dont 3 ans dans l'armée et 2 ans dans la réserve. Aujourd'hui, la durée du service est de 7 ans, dont 3 dans l'armée et 4 dans la réserve. L'effectif de la réserve est d'environ 300,000 hommes. On l'appelle pour porter l'armée du pied de paix au pied de guerre ; et l'on obtient ainsi environ 600,000 hommes. La Prusse possède également une réserve de chevaux laissés chez les cultivateurs, qui ne coûtent rien pendant la paix et que l'on rassemble au moment du besoin.

Quant aux réserves nationales, nous devons nous y arrêter un moment; elles sont intéressantes à étudier. Jusqu'en 1860, elles comprenaient : la landwehr du 1er ban, la landwehr du 2e ban et la landsturm.

La landwehr du 1er ban comprenait tous les hommes de vingt-cinq à trente-deux ans, avec les volontaires d'un an et en général tous les jeunes gens de vingt à vingt-cinq ans qui n'appartenaient pas à l'armée; c'était là le principe, mais il paraît qu'en réalité, la landwehr du 1er ban ne renfermait que les jeunes gens sortant de la ligne. La landwehr était organisée en 4 régiments de landwehr de la garde et 32 régiments de landwehr de la ligne; organisation qui correspondait exactement à celle de l'armée, de manière que chaque régiment de ligne avait son numéro correspondant dans la landwehr et que les deux régiments formaient brigade. Pour la cavalerie, chaque arrondissement territorial fournissant un bataillon, devait fournir un escadron, de sorte que la cavalerie de la landwehr se composait de 96 escadrons. Pour les armes spéciales, chaque bataillon de landwehr avait un détachement de 25 artilleurs, avec quelques chasseurs et quelques pionniers. Il y avait ainsi une liaison intime entre l'armée de ligne et la landwehr du 1er ban. Les régiments de l'une et de l'autre étaient fournis par les mêmes circonscriptions territoriales; les hommes passaient de l'une dans l'autre et ne quittaient jamais leur pays natal en temps de paix. L'État ne soldait dans la landwehr en temps ordinaire que l'état-major de chaque bataillon, et par compagnie, un sergent-major, un fourrier et deux appointés. Les officiers et sous-officiers de ces cadres comptaient dans l'armée et participaient à l'avancement général. Ils tenaient les contrôles et ils étaient chargés de surveiller les magasins d'armes et d'effets établis pour chaque bataillon au chef-lieu de son arrondissement. La plus grande partie des autres officiers de la landwehr était fournie par les propriétaires du pays; ils avaient ainsi la double autorité du grade et de la position sociale. La landwehr du 1er ban se réunissait une fois par an, à l'automne, pendant 15 jours et quelquefois davantage. Elle était exercée aux manœuvres d'ensemble et recevait alors la solde de l'armée.

Cette organisation de la landwehr a été modifiée à la suite de la guerre d'Italie et de la mobilisation de l'armée prussienne qui en a été la conséquence. Les 32 régiments de la landwehr du 1er ban ont été transformés en 32 régiments de ligne qui ont pris les numéros de 33 à 64. On a également transformé en régiments de ligne les 8 régiments de réserve, ce qui a porté le nombre des régiments de ligne à 72. On a appelé d'abord ces régiments, régiments combinés; on ne leur a donné que de faibles effectifs afin de ne pas faire immédiatement une dépense trop considérable. Mais bientôt ils ont été placés sur le même pied que les anciens régiments de ligne. Et il en était ainsi pour la campagne de 1866, quoique les chambres n'eussent pas encore accepté l'organisation. Aujourd'hui, les grands succès obtenus ont réconcilié les deux pouvoirs exécutif et législatif, et la landwehr du 1er ban est définitivement absorbée par l'armée active.

Dans l'ancienne organisation, après la landwehr du 1er ban, on trouvait la landwehr du 2e ban, qui comprenait tous les hommes de 32 à 40 ans, sortant du 1er ban de la landwehr. La landwehr du 2e ban formait aussi 32 régiments correspondant également à ceux de la ligne; seulement cette organisation n'existait que sur le papier, comme pour la plus grande partie de notre garde nationale; il n'y avait ni cadres soldés, ni magasins. Aujourd'hui, la landwehr du 2e ban a remplacé la landwehr du 1er. Elle se compose de tous les hommes de 28 à 37 ans. Elle comprend 4 régiments de landwehr de la garde, et 44 régiments de landwehr de la ligne, à raison d'un régiment de landwehr par brigade de la ligne; il faut y joindre 44 régiments de cavalerie et les régiments des autres États de la confédération du Nord. Elle est particulièrement destinée à fournir en temps de guerre les garnisons des places fortes, les corps de réserve et à rendre l'armée complétement disponible.

Enfin, il y a encore la landsturm, qui peut être comparée à notre levée en masse, qui forme la dernière ressource du pays en cas d'invasion et qui en comprendrait toute la population valide.

La Prusse a donc aujourd'hui, comme la France, trois éléments principaux qui composent sa force publique, savoir : une armée permanente, une réserve de cette armée et des réserves nationales, la landwehr et la landsturm.

On a donné aux différents éléments de la force publique en Prusse une organisation d'ensemble correspondant à l'organisation politique du pays, et dont nous allons indiquer les principaux traits.

On a formé un corps d'armée par province; de sorte que la Prusse a 11 corps d'armée auxquels il faut joindre le corps saxon, les contingents des États secondaires de la confédération du Nord, et le corps de la garde royale prussienne.

Chaque corps d'armée comprend 2 divisions. — Chaque division se compose de 2 brigades d'infanterie et d'une brigade de cavalerie. — Chaque brigade comprend 2 régiments.—Il y a de plus dans le corps d'armée : 1 bataillon de chasseurs, 1 bataillon de pionniers, 1 bataillon du train, et 4 régiments de landwehr qui représentent 1 division de réserve.

Les 11 corps prussiens ont leurs quartiers généraux

répartis de la manière suivante : le 1er corps est à Kœnigsberg, les 2e et 3e à Berlin, le 4e à Magdebourg, le 5e à Posen, le 6e à Breslau, le 7e à Munster, le 8e à Coblentz, le 9e à Schleswig, le 10e à Hanovre et le 11e à Cassel. Il y a de plus un contingent hessois et un corps saxon. Il y a encore la garde, qui réside à Postdam, à Berlin et à Charlottembourg.

Ces corps sont groupés 2 par 2 de manière à former 6 armées. La 1re armée comprend les 1er et 2e corps ; la seconde, les 3e et 4e ; la 3e armée comprend les 5e et 6e corps ; la 4e, les 7e et 8e ; la 5e, les 9e et 10e. Enfin la 6e armée comprend le contingent hessois et le corps saxon. La garde est en dehors.

Les corps d'armée sont organisés d'une manière uniforme. Prenons pour exemple le 1er corps, dont le quartier général est à Kœnigsberg.

L'état-major comprend :

1 général d'infanterie commandant avec 2 aides de camp ;
1 chef d'état-major du grade de colonel avec 2 adjoints, 1 major et 1 capitaine ;
1 intendant avec 1 conseiller d'intendance et 1 assesseur ;
1 auditeur de corps d'armée ;
1 médecin général et 1 ministre protestant.

Les troupes se composent de 2 divisions. Chaque division est commandée par 1 général-lieutenant avec 2 officiers d'état-major, 1 major et 1 capitaine. Chaque division comprend 3 brigades.—1re division : 1re brigade, 1er et 41e de ligne ; 2e brigade, 3e et 43e de ligne; brigade de cavalerie, 1 régiment de cuirassiers, 1 de dragons et 1 de hulans. — 2e division : 1re brigade, 4e et 44e de ligne ; 2e brigade, 5e et 45e de ligne; brigade de cavalerie, 1 régiment de dragons, 1 de hussards, 1 de hulans. Le 1er corps comprend, en outre, le 1er bataillon de chasseurs et 1 régiment de fusiliers qui représentent l'infanterie légère.

L'artillerie du 1er corps se compose du 1er régiment d'artillerie servant 15 batteries.

Comme corps hors ligne, il y a ensuite 1 bataillon de pionniers, 1 bataillon du train des équipages, 1 brigade de gendarmerie et des troupes d'administration.

Enfin derrière le 1er corps et correspondant à la première province, il y a une division de réserve formée par les 1er, 2e, 3e et 4e régiments de la landwehr.

L'effectif du 1er corps sur le pied de guerre est d'environ 36,000 hommes, ce qui donne pour les 13 corps de l'armée de la confédération du Nord et pour les contingents secondaires environ 500,000 hommes actifs avec 140,000 chevaux et 11,000 voitures. — Puis derrière les troupes actives viennent les dépôts avec environ 100,000 hommes et, enfin, en troisième ligne, les troupes de réserve, chargées de la garde intérieure du pays, au nombre de 300,000 hommes; le tout formant un effectif d'environ 900,000 hommes.

Nous passons au recrutement : l'armée prussienne se recrute par appels, engagements et rengagements.

Pour les appels, l'âge de l'appel est de 20 ans; la durée du service est de 7 ans, dont 3 ans dans l'armée et 4 ans dans la réserve. Puis vient le service dans la landwehr, qui dure 9 ans. Tout citoyen doit le service militaire à son pays; le contingent peut donc comprendre la totalité des jeunes gens de 20 ans. Or il y a chaque année dans la confédération du Nord environ 240,000 jeunes gens qui atteignent l'âge de 20 ans; mais il faut en déduire, comme en France, environ la moitié pour incapacité physique ou exemptions légales; le maximum d'un contingent est donc de

120,000. En temps ordinaire, on n'en appelle que 80,000, qui sont désignés par le sort et que l'on fait examiner par des commissions de trois degrés. Il y a d'abord des commissions de cercles ou sous-préfectures, correspondant aux arrondissements territoriaux destinés à fournir chacun un bataillon; ces commissions sont composées, comme en France, de fonctionnaires civils et de fonctionnaires militaires; les premiers représentent les intérêts de la population, les autres représentent les intérêts de l'armée. Ces commissions reconnaissent l'aptitude des jeunes gens au service militaire. Puis des commissions supérieures correspondant aux portions du territoire destinées au recrutement des brigades viennent approuver ou changer les premières listes et répartir les jeunes gens entre les divers corps de l'armée de ligne. Enfin il y a encore des commissions correspondant aux provinces et formant des espèces de cours d'appel. Ces diverses commissions assurent la formation du contingent annuel et prononcent sur les causes d'exemption, qui sont analogues à celles de l'armée française. Nous ajouterons que les jeunes gens qui sont reconnus faibles, mais devant se fortifier plus tard, se présentent pendant 3 années consécutives devant le conseil de recrutement.

Les engagés volontaires sont de deux espèces. Il y a d'abord ceux qui se destinent à la carrière militaire; ils peuvent s'engager à 17 ans, après des examens et pour 3 ans; six mois après leur entrée au service, ils passent de nouveaux examens, et s'ils y satisfont, ils sont nommés enseignes. Plus tard ils deviennent officiers. Puis il y a les engagés volontaires, qui se destinent à des carrières spéciales autres que la carrière militaire; ils s'enrôlent pour un an, c'est pourquoi on les appelle *einjähringen*; ils s'équipent à leurs frais, ils vivent également à leurs frais, ils assistent aux exercices militaires, mais jouissent, en dehors de ces exercices, d'une grande liberté et d'une grande tolérance; au bout de l'année ils passent dans la landwehr, où ils remplissent ordinairement des emplois d'officiers. Cette disposition supplée au remplacement.

Enfin l'armée prussienne compte encore des rengagés après 7 ans de service; les rengagements donnent lieu à une haute paye, et le gouvernement réserve de plus un certain nombre d'emplois civils aux hommes qui ont suivi la carrière militaire.

Pour les remontes, la Prusse possède 8 haras royaux et un grand nombre de dépôts d'étalons. Elle produit une partie de ses chevaux, particulièrement ceux qui sont destinés aux officiers; elle achète les autres au moyen de commissions d'achat et de dépôts de remonte, qui sont au nombre de 9 et qui sont répartis dans les provinces de Prusse, de Poméranie, de Brandebourg, de Posen et de Hanovre.

Après le recrutement vient la discipline.

La discipline prussienne est rigide; elle a conservé les traditions de Frédéric; elle admet la prison de rigueur, avec de rudes travaux; elle admet aussi les coups de baguette, dont le nombre varie de 10 à 40.

Les tribunaux militaires sont de plusieurs espèces : il y a d'abord des tribunaux de corps et de garnison, dont les membres sont des officiers de divers grades et dont les parquets sont formés par des auditeurs, assesseurs et officiers d'instruction. Il y a ensuite à Berlin un auditoriat général, qui est une espèce de cour d'appel.

L'armée prussienne a de plus des tribunaux d'honneur, qui sont chargés de régler les affaires des officiers entre eux et de prévenir les duels.

Pour l'avancement, celui des sous-officiers est subordonné, dans les régiments, au choix des chefs de corps; cependant, en raison de l'importance du rôle qui leur est confiée dans l'armée prussienne, on a créé trois écoles spéciales, à Postdam, à Juliers et à Biberich, pour y former particulièrement des sous-officiers.

Les sous-lieutenances sont ensuite accordées par le roi aux enseignes et aux élèves des écoles de divisions et de cadets, après toutefois des examens préliminaires.

Les lieutenants sont nommés au choix et d'après des examens. Tous les autres grades sont ensuite donnés à l'ancienneté, en observant que celle-ci donne bien droit au grade, mais non pas à l'emploi. Nous remarquerons, en outre, que presque tous les officiers appartiennent à la noblesse et que les plébéiens n'avancent que très-difficilement.

Les autres récompenses de l'armée prussienne sont les décorations, qui sont honorifiques et ne donnent pas droit à une pension; les ordres principaux sont ceux de l'Aigle noir, de l'Aigle rouge, du Mérite et de la Couronne. Il y a, en outre, comme chez les autres puissances européennes, des médailles commémoratives, des dotations et des titres

Sous le rapport de l'administration, nous trouvons dans l'armée prussienne des intendants qui sont les délégués du ministre auprès de chaque corps d'armée; ils sont chargés de vérifier et d'arrêter la comptabilité; cependant leurs observations ne parviennent aux troupes que par l'intermédiaire des généraux. Le corps de l'intendance se recrute au moyen d'examens que l'on passe à Berlin devant une commission spéciale.

L'administration militaire en Prusse est remarquable par son économie. Ainsi le soldat de la confédération du Nord ne coûte à l'Etat que 225 thalers ou 850 francs, tandis que le soldat français en coûte 1000 et que le soldat anglais en coûte 1500.

Si nous examinons l'organisation de l'instruction en Prusse, nous voyons qu'il y a d'abord, comme en France, des écoles régimentaires, représentant les écoles primaires des sous-officiers et des soldats. Ensuite viennent les écoles de guerre, où l'instruction est plus relevée et où sont admis, sans frais, les aspirants au grade d'officier.

En outre, il y a des écoles de cadets qui sont à la fois des colléges et des écoles militaires, et où sont admis de 11 à 15 ans les fils d'officiers qui se destinent à la carrière militaire. Enfin, il y a deux écoles d'application, l'une pour l'artillerie et le génie, et l'autre pour l'état-major. Cette dernière, que l'on appelle l'académie de la guerre, jouit d'une grande réputation dans toute l'Allemagne; nous en reparlerons à la fin de la seconde partie du cours, en traitant de l'état-major prussien. Telles sont les institutions relatives à l'instruction intellectuelle de l'armée prussienne.

Quant à l'instruction militaire pratique, les Prussiens ont fait, sous ce rapport, de grands progrès. Ils avaient autrefois une tactique automatique et une instruction vraiment entachée de caporalisme. Aujourd'hui, au contraire, ils développent, par tous les moyens, les forces physiques, l'intelligence et l'adresse de leurs soldats; et comme préparation à la guerre, ils exécutent, chaque année, de grandes manœuvres avec les trois armes réunies, sur des terrains variés, et en figurant l'ennemi au moyen de brigades et de divisions.

On peut dire maintenant que les Prussiens ont fait plus que de regagner le terrain perdu, et que leur instruction militaire est fort perfectionnée.

Enfin nous arrivons aux établissements du matériel. La Prusse a des arsenaux de construction à Berlin, à Cologne, à Neisse et à Dantzig; une fonderie de canons à Spandau et, sur son territoire, le fameux établissement d'Essen ; 6 manufactures d'armes à Spandau, Erfurth, Solingen, Dantzig, Sommerda et Sühl près de Gotha ; elle possède de plus des poudreries, des établissements pyrotechniques, des hôtels d'invalides, des casernes, des hôpitaux, des magasins et enfin des places fortes qui assurent la défense de son territoire. Parmi ces places, nous remarquerons celles du Rhin, puis, en arrière, Magdebourg, et enfin, au centre du pays, Spandau, qui semble devoir jouer le rôle d'un grand réduit intérieur.

En terminant ici l'étude des institutions militaires de la Prusse, nous ferons à leur sujet les observations suivantes :

Nous ferons d'abord une première observation relative à l'ancienne organisation de l'armée prussienne, et nous remarquerons que la landwehr donnait alors à la Prusse une seconde armée, maintenue dans ses foyers, ne coûtant presque rien au gouvernement, et cependant organisée, équipée, instruite, composée d'hommes dans la force de l'âge, ayant servi dans l'armée et présentant beaucoup de solidité. En regard de ces avantages, la landwehr présentait l'inconvénient d'être peu susceptible de mouvement et peu propre aux guerres lointaines, parce que les hommes qui la composaient étaient généralement mariés, établis et complétement rentrés dans la vie civile. Quant à l'armée, elle avait peu de consistance en temps de paix, parce que les soldats étaient généralement trop jeunes et ne restaient pas assez longtemps sous les drapeaux. De plus, les officiers et les sous-officiers de l'armée, indépendamment de leur service journalier, étaient assujettis sans relâche à faire le métier d'instructeurs; ils recommençaient chaque année à instruire des hommes qui disparaissaient peu après pour être remplacés par d'autres qui disparaissaient à leur tour; « travail décourageant, dit le maréchal Marmont, qui « donne l'idée du supplice des Danaïdes ». L'armée prussienne semblait ainsi dans un état exceptionnel et non dans un état normal; les ressorts y étaient trop tendus. En résumé, l'ancienne organisation était économique, mais bien plus propre à la défense du pays qu'à la guerre offensive. Aussi, en 1860, le gouvernement, préparant peut-être déjà la campagne de 1866, transforma l'ancienne organisation et adopta celle que nous avons fait connaître et qui se rapproche de la nôtre par un grand nombre de points.

La principale différence entre les deux organisations tient aujourd'hui au mode de recrutement de chacune d'elles. Le recrutement prussien a lieu par province et par corps d'armée; le recrutement français porte sur tout l'ensemble du territoire, et non-seulement nos hommes sont mélangés dans chaque régiment, mais les régiments eux-mêmes effectuent des changements de garnison fréquents et lointains qui n'existent pas en Prusse.

Notre système paraît avoir l'avantage de donner à

l'armée plus d'unité, plus de mobilité, de la détacher davantage de la population et de la rendre plus propre à la guerre offensive ; le système prussien est plus économique ; il facilite le passage du pied de paix au pied de guerre, chaque province ayant à la fois, avec son corps d'armée, ses arsenaux, ses magasins, ses réserves en hommes et en chevaux ; enfin, avec le système prussien, on peut espérer que les hommes, placés sous les yeux de leurs familles et de leurs concitoyens, puiseront dans cette circonstance une certaine émulation, et se conduiront mieux qu'abandonnés à eux-mêmes : c'était, du moins, ce que disait le maréchal Gouvion-Saint-Cyr en 1818, à propos d'une organisation analogue.

Mais il faut ajouter que le système du recrutement par province présente les trois inconvénients suivants : d'abord on peut craindre que les soldats d'un même pays ne s'entretiennent sans cesse de leurs regrets, et ne gagnent ainsi une sorte de nostalgie qui repousse la discipline et les habitudes militaires; ensuite l'on peut craindre que dans le cas de dissensions intestines, chaque province n'ait son armée toute prête à embrasser sa querelle ; enfin, dans une campagne, il peut arriver que des corps souffrent beaucoup plus que d'autres et que les pertes soient ainsi très-inégalement réparties sur l'ensemble de la population.

Maintenant, si nous jetons un coup d'œil sur l'ensemble des institutions prussiennes, nous devons reconnaître que l'armée prussienne est essentiellement nationale, puisqu'elle n'admet pas le remplacement et que les diverses classes de la population y sont mieux représentées que partout ailleurs ; qu'elle jouit d'une grande considération dans le pays, puisque, non-seulement, ses officiers appartiennent presque tous à la noblesse mais qu'on y trouve des représentants de toutes les grandes familles; que l'instruction y est soignée, répandue et cultivée à un point de vue très-pratique, surtout sous le rapport militaire; que le grade de capitaine y représente une position respectée, bien rétribuée et offrant un terme convenable à la carrière des armes; que les services spéciaux sont bien prévus et bien organisés à l'avance; enfin, que sous le rapport moral, le sentiment du devoir y est très-développé. L'armée prussienne paraît ainsi avoir retrouvé les traditions du grand Frédéric; c'est une armée sérieuse, dont les institutions méritent d'être étudiées avec soin.

J'ajouterai qu'à l'armée de la confédération du Nord, il faut joindre, comme élément de force militaire, la flotte de la Baltique, et que pour certaines circonstances prévues par le traité de Prague, il faudrait y joindre les forces de la confédération du Sud, comprenant 36 régiments d'infanterie et 20 régiments de cavalerie, organisés en 4 corps et présentant un effectif de 100,000 hommes actifs environ, avec 50,000 hommes de troupes de dépôt et 50,000 de troupes de réserve et de garnison, — ce qui porterait à 1,100,000 hommes l'effectif complet des forces allemandes.

SEPTIÈME LEÇON.

Organisation militaire de l'Autriche. — Institutions politiques et divisions territoriales.
Institutions militaires. — États-majors et troupes des diverses armes.
Réserves autrichiennes. — Régiments frontières. — Autres éléments du système militaire autrichien.
Coup d'œil sur l'armée italienne.

I.

L'Autriche occupe le centre de l'Europe; elle réunit l'Orient à l'Occident, et elle présente à la fois la physionomie des puissances occidentales et celle des peuples orientaux. Sa population est fort mélangée, et la diversité des races en est le principal caractère.

On divise le territoire de l'Autriche en deux grandes parties, séparées l'une de l'autre par la petite rivière de la Leitha; et l'on a ainsi une partie occidentale habitée par les peuples Cisleithans, c'est-à-dire les Allemands, au nombre d'environ 10 millions, les Tchèques, qui en comptent 5, les Ruthènes, et une partie des Slaves qui en forment environ 5 autres; puis on distingue une partie orientale habitée par les peuples Transleithans, c'est-à-dire les Hongrois, les Croates, les Dalmates, les Transylvains, et les confins militaires qui représentent environ 13 à 14 millions d'habitants; de sorte que la population de l'Autriche est d'environ 34 millions d'âmes. Cette population est répartie dans 11 provinces, savoir : l'archiduché d'Autriche, la Bohême, la Moravie, la Gallicie, le Tyrol, la Hongrie, la Styrie, l'Illyrie, la Transylvanie, la Dalmatie, la Croatie et l'Esclavonie.

Les deux parties principales de l'Autriche, la partie orientale et la partie occidentale, ont chacune leur physionomie propre ; mais de plus, chaque province a conservé sa nationalité distincte ; ce n'est pas comme en France, où, depuis deux siècles, les Flamands, les Bretons, les Gascons ou les Normands, sont tous devenus Français ; où tous parlent la même langue, professent la même religion, ont les mêmes usages, et sont soumis aux mêmes lois. En Autriche, les Allemands, les Slaves, les Hongrois ont chacun leur nationalité, leurs mœurs, leur langue, leur religion, leur physionomie, leurs intérêts distincts et particuliers, qui les rendent presque ennemis les uns des autres et par suite difficiles à gouverner ensemble. En résumé, la population de l'Autriche manque d'autonomie et d'homogénéité. Pendant longtemps le gouvernement a exploité la jalousie des diverses races pour les opposer l'une à l'autre ; c'est ce qu'il a fait en 1849, en jetant sur les Hongrois les Croates de Jellachich ; mais plus tard, dans les guerres extérieures, les rivalités de race se sont retrouvées dans l'armée et en ont altéré l'ensemble, l'unité et la force ; l'Autriche en a fait la triste expérience en 1859 et en 1866. Aussi, aujourd'hui, le gouvernement autrichien dirige-t-il sa conduite suivant des principes tout opposés ; d'abord il abandonne la forme de la monarchie absolue pour prendre celle de la monarchie constitutionnelle et représentative ; ensuite, répudiant la vieille maxime de diviser pour régner, il s'efforce de donner aux populations de l'empire l'unité et l'homogénéité qui leur manquent.

Si nous considérons l'Autriche au point de vue de ses finances, nous voyons que son budget est d'environ 300 millions de florins, ce qui fait à peu près 900 millions de francs; le budget militaire de 1868 était de 76 millions de florins ou d'environ 220 millions de francs ; la dette est de 2,800 millions de florins.

Il faut ajouter que les finances autrichiennes ont été fréquemment obérées; le gouvernement, dans un grand nombre de circonstances, a dépassé le rapport rationnel dont nous avons parlé, et que l'on doit toujours établir entre l'effectif de l'armée et les moyens du trésor; il entretenait alors des forces trop considérables pour ses ressources financières; par suite, les budgets annuels présentaient des déficit qui ont été jusqu'à 80 millions; les billets ont eu un cours forcé; les paiements en argent ont été suspendus; et, enfin, à plusieurs reprises, on a vu dans l'administration de grandes dilapidations.

Sous le rapport de ses frontières, l'Autriche est convenablement couverte au nord contre la Prusse, à l'ouest contre la France, au sud contre la Turquie et l'Italie; elle est moins bien défendue à l'est contre la Russie.

L'Autriche a joué un grand rôle dans l'histoire militaire moderne.

Depuis François Ier, nous trouvons en elle une ennemie séculaire de la France. Henri IV et Richelieu travaillent les premiers à son abaissement. Louis XIV la chasse de l'Espagne, d'où elle menaçait notre frontière des Pyrénées. La République la repousse des Pays-Bas, d'où elle menaçait notre frontière du nord. Le premier Empire, en diminuant sa puissance en Allemagne, l'éloigne de notre frontière du Rhin. Enfin, le second Empire, en la rejetant au delà du Mincio, dégage notre frontière des Alpes, et continue, en la terminant, la marche politique des gouvernements antérieurs. Il n'existe plus maintenant, comme autrefois, de cause de rivalité permanente entre la France et l'Autriche ; le mot d'ordre de notre politique extérieure n'est plus l'*abaissement de la maison d'Autriche ;* les deux puissances sont aujourd'hui dans des conditions à peu près égales sous le rapport territorial. La seconde ne menace plus la première comme elle le faisait depuis le commencement du XVIe siècle. L'alliance autrichienne nous sera peut-être fréquemment indiquée dans les combinaisons politiques de l'avenir.

Malgré ses pertes successives, l'Autriche est toujours une des grandes puissances de l'Europe. « C'est, « dit Napoléon Ier, un État fortement constitué, par la « richesse du sol, par le nombre et le caractère bel- « liqueux des habitants. Il possède un territoire « étendu, populeux et des moyens considérables soit « en hommes, soit en denrées, pour lever, approvision- « ner et équiper de nombreuses armées. » Pendant les guerres de la Révolution et de l'Empire, l'Autriche a montré une vitalité remarquable. Elle réparait ses pertes, reconstituait ses armées et se relevait de ses désastres avec une facilité surprenante. Si dans la dernière campagne elle a montré une certaine faiblesse, il faut reconnaître qu'elle s'est trouvée au milieu de circonstances tout à fait exceptionnelles et qu'elle a eu contre elle un véritable concours de faits inattendus. En ce moment, elle cherche à se transformer et à corriger les défauts de ses institutions sociales et militaires. On peut croire que dans un avenir prochain, elle aura repris confiance, elle aura rétabli ses forces militaires et qu'elle aura retrouvé son rang parmi les grandes puissances européennes.

II.

Les forces militaires de l'Autriche comprennent : l'armée de ligne, la réserve de l'armée et les réserves nationales, parmi lesquelles nous distinguerons la population militaire des frontières.

Voyons d'abord l'organisation de l'armée.

L'empereur en est le chef. Il est entouré d'une maison militaire, composée d'aides de camp généraux et d'aides de camp (flügel-adjudanten).

Il y a ensuite un commandant général de l'armée ; c'est aujourd'hui l'archiduc Albert, prince et archiduc d'Autriche, et en même temps feld-maréchal.

Puis nous trouvons le ministère de la guerre, organisé en différents bureaux, ayant une section pour la marine, et présentant différents comités, pour l'artillerie, pour le génie, pour le service de santé, etc.

L'état-major général n'a pas de limites parfaitement arrêtées ; il comprenait en 1867 2 feld-maréchaux, 19 feldzeugmeisters ou généraux de cavalerie ; 78 feld-maréchaux-lieutenants et 114 généraux-majors.

Il y a, en outre, un grand nombre d'officiers généraux de réserve ou non employés (unangestellte).

Le corps d'état-major (general stab) se compose de :

1 chef de l'état-major ;
2 feld-maréchaux lieutenants ;
2 généraux-majors ;
20 colonels ;

14 lieutenants-colonels ;
30 majors ;
80 capitaines de 1re classe ;
28 capitaines de 2e classe ;
Et environ 180 officiers.

Ces officiers sont employés au ministère de la guerre et dans les états-majors de corps d'armée.

Quant au service d'aide de camp, il est fait par des officiers de troupe qui répondent à nos officiers d'ordonnance.

Il y a ensuite un institut militaire géographique, qui répond à notre dépôt de la guerre, et où l'on exécute des travaux de topographie, de lithographie, de photographie, de triangulation et de géodésie.

Nous arrivons maintenant aux troupes, et à leur tête nous trouvons la garde particulière de l'empereur qui se compose de : une compagnie d'archers, formée d'officiers ayant un riche uniforme et faisant le service auprès de l'empereur, comme autrefois nos gardes du corps auprès du roi ; puis la garde noble hongroise créée en 1867 ; ensuite une compagnie de trabans, datant de 1768, composée de sous-officiers et correspondant à nos anciens Cent-Suisses; puis la gendarmerie de la garde et enfin la garde du palais (Hofburgwache) hongroise et autrichienne.

Il n'y a pas de garde impériale comme dans les autres armées européennes; les réserves des armées autrichiennes étaient formées autrefois par des bataillons de grenadiers que l'on organisait au moment de la guerre, en rassemblant les compagnies de grenadiers des régiments faisant partie de l'armée. Ces bataillons n'étaient donc pas permanents. Ils ne paraissent pas avoir été employés en 1866.

Quant à l'armée de ligne, elle comporte toujours les trois armes, infanterie, cavalerie et artillerie, dont nous allons voir successivement l'organisation.

L'infanterie autrichienne se compose de :

80 régiments de ligne ;
14 régiments frontières ;
1 bataillon Titler ;
1 régiment de chasseurs du Tyrol à 8 bataillons ;
33 bataillons de chasseurs.

Le régiment autrichien se compose de 3 bataillons actifs à 6 compagnies, plus 1 bataillon de dépôt qui occupe le district de recrutement et qui reçoit et instruit les recrues ; ce qui fait pour les 80 régiments que possède l'Autriche 320 bataillons qui ont un effectif d'environ 320,000 hommes sur le pied de guerre.

Les bataillons de chasseurs sont un peu plus forts et présentent un effectif d'environ 55,000 hommes.

On trouve dans un régiment d'infanterie un état-major qui comprend :

1 colonel propriétaire, souverain étranger ou grand seigneur de l'empire, ayant le droit de nommer les officiers jusqu'au grade de capitaine, de proposer au ministre pour les emplois vacants d'officiers supérieurs, et d'infliger certaines punitions. — Cette disposition, qui rappelle les armées de la guerre de Trente ans, tend aujourd'hui à disparaître ;
1 colonel commandant (oberst) ;
1 lieutenant-colonel (oberst lieutenant) ;
4 majors ;
1 chapelain ;
1 auditeur ;
2 médecins ;
1 adjudant de régiment ;
2 adjudants de bataillon ;
1 comptable.

La compagnie se compose de :

1 capitaine ;
2 premiers lieutenants ;
2 sous-lieutenants ;
2 sergents-majors ;
4 sous-officiers, correspondant à nos sergents ;
6 appointés, correspondant à nos caporaux ;
1 tambour ;
1 clairon ;
1 sapeur ;
5 domestiques d'officiers ;
Et environ 150 hommes subdivisés en 4 sections.

La cavalerie autrichienne comprend :

12 régiments de cuirassiers ;
2 régiments de dragons ;
14 régiments de hussards ;
13 régiments de hulans.

Il y a de plus quelques escadrons irréguliers dont nous parlerons plus tard.

Le recrutement de la cavalerie a lieu dans les provinces les plus riches en chevaux et suivant la spécialité de chacune d'elles ; ainsi la Bohême et l'Autriche fournissent la grosse cavalerie, la Hongrie fournit les hussards, et la Gallicie les hulans.

Chaque régiment est à 6 escadrons ; en temps de guerre, on en formerait deux autres, 7e et 8e, qui serviraient de dépôt.

L'état-major d'un régiment de cavalerie se compose de :

1 colonel propriétaire ;
1 colonel commandant ;
1 lieutenant-colonel ;
1 ou plusieurs majors ;
1 chapelain ;

1 auditeur de régiment ;
1 ou 2 médecins ;
1 adjudant de régiment ;
1 comptable ;
1 vétérinaire.

Le cadre d'un escadron comprend :

1 capitaine de 1re classe ;
1 capitaine de 2e classe ;
2 lieutenants ;
2 sous-lieutenants ;
2 maréchaux des logis chefs ;
12 sous-officiers ou brigadiers ;
150 hommes avec 130 chevaux sur le pied de guerre dans la grosse cavalerie ;
Et 180 hommes avec 150 chevaux dans la cavalerie légère.

Il y a de plus dans chaque escadron 6 domestiques militaires pour les officiers.

La cavalerie autrichienne sur le pied de guerre présente un total de 56,000 hommes avec 54,000 chevaux.

L'artillerie se compose, comme en France, d'un état-major et de troupes.

L'état-major particulier de l'artillerie se compose d'officiers de tous grades, employés dans les corps ou dans les établissements.

Les troupes comprennent :

12 régiments d'artillerie de campagne ;
Avec un certain nombre de régiments d'artillerie de place ;
1 régiment d'artillerie des côtes ;
1 régiment de fuséens que l'on est en train de dissoudre ;
17 commandements d'artillerie, établissements et arsenaux ;
1 corps d'ouvriers.

L'état-major d'un régiment d'artillerie comprend :

1 colonel propriétaire ;

1 colonel commandant;
1 lieutenant-colonel;
2 ou plusieurs majors;
1 chapelain de régiment;
1 auditeur;
2 médecins;
1 adjudant de régiment;
1 agent comptable;
1 vétérinaire.

Chaque régiment d'artillerie a 6 batteries à cheval et 8 montées.

Les batteries sont de 8 pièces.

Après l'infanterie, la cavalerie et l'artillerie, qui forment les 3 corps de ligne, nous avons les 4 corps hors ligne : génie, train des équipages, gendarmerie et troupes d'administration.

Le génie comprend un état-major et des troupes.

L'état-major du génie se compose de : 1 général-inspecteur, 2 feld-maréchaux-lieutenants, 4 généraux-majors, 10 colonels, autant de lieutenants-colonels, avec un nombre proportionné de capitaines, de lieutenants et de sous-lieutenants.

Les troupes se composent de 2 régiments à 4 bataillons de 6 compagnies chacun, à peu près comme dans l'infanterie.

A ces 2 régiments, nous joindrons celui des pionniers qui comprend 5 bataillons et 1 dépôt.

Le régiment des pionniers est chargé de tout ce qui regarde les routes au point de vue militaire, et en outre des ponts militaires sur pontons et sur chevalets. Les Autrichiens se servent fréquemment du système dit à la Birago et dans leurs dernières guerres, ils en ont généralement tiré un bon parti.

Puis vient le corps du train des équipages ou des transports militaires. Il y a un commandant du corps avec 2 colonels, 3 lieutenants-colonels, 5 majors et un certain nombre de capitaines, de lieutenants et de sous-lieutenants. Le corps est organisé en 24 escadrons qui se dédoubleraient en temps de guerre pour en former 48 avec un effectif de 400 hommes et 700 chevaux, ce qui donnerait pour la totalité du corps 20,000 hommes et 35,000 chevaux.

Il faut joindre à ce corps 6 escadrons pour le transport du matériel de ponts.

La gendarmerie est commandée par un inspecteur général.

Elle comprenait autrefois 10 régiments dont 1 à cheval et 9 à pied. Elle a été réorganisée en janvier 1866; aujourd'hui, elle comprend 15 commandements et elle est chargée de la police de l'intérieur, concurremment avec un corps spécial de police (militär-polizei-wach).

Les troupes d'administration comprennent d'abord les troupes de santé (sanitäts-trüpper) organisées en 1849, par le feld-maréchal Radetzky. Elles forment 12 compagnies. Puis vient le corps de la monture militaire, correspondant à notre corps de l'habillement et du campement. Enfin le corps des subsistances militaires (militär-verpflegs-corps).

Après les corps hors ligne, nous trouvons les états-majors et les divers services.

Il y a un service religieux comprenant : un directeur, des supérieurs, des chapelains de 1re, 2e et 3e classe.

Pour la justice militaire, il y a l'auditoriat, comprenant des auditeurs généraux, des colonels-auditeurs, des lieutenants-colonels-auditeurs, des majors, des capitaines, des lieutenants et des sous-lieutenants-auditeurs.

Pour l'administration, il y a le kriegs-commissariat, comprenant :

Des commissaires généraux de la guerre ;
Des commissaires supérieurs de 1re et 2e de classe ;
Des commissaires ordinaires ;
Enfin, des adjoints de 1re et de 2e classe.

Le corps de santé se compose de médecins généraux, de médecins supérieurs de 1re et de 2e classe, de médecins-majors, de médecins de régiment de 1re et 2e de classe, de médecins provisoires, et de médecins sans diplôme.

Le corps des vétérinaires présente une hiérarchie analogue.

Il y a ensuite des employés militaires dans les différents services.

L'armée autrichienne présentait, avant 1859, une organisation d'ensemble analogue à celle de l'armée prussienne. Elle comprenait 4 armées et 12 corps d'armée. — Après 1859, il y eut 8 corps d'infanterie et 1 corps de cavalerie. Aujourd'hui, l'empire d'Autriche est partagé en 9 commandements territoriaux, à la tête de chacun desquels se trouve un feldzeugmeister ou un feld-maréchal-lieutenant.

Le 1er commandement est à Vienne et comprend en outre Lintz, Brünn et Olmütz.

Le 2e est à Gratz.

Le 3e est à Prague et comprend la Bohême.

Le 4e est à Lemberg, pour la Gallicie et la Silésie.

Le 5e est à Ofen ou Bude, pour la Hongrie.

Le 6e est à Hermanstadt, pour la Transylvanie.

Le 7e est à Temeswar, pour le Bannat et la Waiwodie.

Le 8e à Agram, pour la Croatie.

Le 9e est à Zara, pour la Dalmatie.

Les troupes sont réparties dans ces neuf commandements et seulement embrigadées.

III.

Derrière l'armée permanente, nous trouvons en Autriche, comme en France et comme en Prusse, une réserve de l'armée. Cette réserve se compose d'hommes envoyés en congé illimité après un certain nombre d'années de service. Sa force varie suivant les circonstances ; elle est forte lorsque la paix semble assurée ; elle devient de moins en moins nombreuse à mesure que la guerre devient plus menaçante. Autrefois, et en temps ordinaire, la réserve se composait de 2 ou de 3 contingents.

Les effets d'habillement et d'équipement des hommes de la réserve restent déposés dans des magasins jusqu'à l'entière libération de ces hommes.

Indépendamment de la réserve de l'armée, l'Autriche possède encore des réserves nationales. En 1809, l'archiduc Charles avait organisé une landwehr qui rendit de grands services. La Hongrie, avant 1849, avait des bataillons de honveds ou de miliciens qui formèrent promptement une armée. Enfin, de tout temps le Tyrol a eu des troupes nationales. En ce moment l'Autriche a formé une landwehr qui corres pond à notre garde nationale mobile, qui comprend tous les hommes sortant de l'armée jusqu'à quarante-quatre ans, et qui est organisée en 80 régiments correspondant aux 80 districts de recrutement de l'armée. Chaque régiment de landwehr a 2 bataillons ; ce qui donne 160 bataillons. Il y a également un certain nombre d'escadrons. Les officiers de la landwehr sont des officiers en retraite, des aspirants au grade d'officiers dans l'armée, et enfin des propriétaires du pays.

Nous rangerons dans les réserves autrichiennes les régiments-frontières, qui pendant la paix représentent des milices locales, ne quittant pas leur territoire, et qui, pendant la guerre, entrent dans la composition des armées autrichiennes.

Ces régiments datent de la seconde moitié du XVIe siècle. La frontière de l'Autriche était alors dévastée par les invasions; les habitants émigraient en masse. L'empereur Ferdinand et la diète germanique s'occupent de reconstituer une barrière pour arrêter les nouveaux barbares; ils cherchent à y établir une population belliqueuse qu'ils attirent en lui donnant des terres et des priviléges, et à qui ils confient la défense du territoire. Celui-ci est divisé en généralats, régiments, bataillons et compagnies; divisions qui représentent à la fois des circonscriptions territoriales, des unités d'organisation militaire et des unités administratives.

Les terres sont distribuées entre les familles qui les possèdent collectivement; chaque chef de famille en est l'administrateur; il n'y a pas de propriété individuelle; ce qui constitue un régime à la fois patriarcal et militaire. Le capitaine de chaque compagnie réside au centre de sa compagnie qu'il doit réunir tous les 15 jours; il a près de lui un lieutenant d'économie qui est chargé de l'administration. Le chef de bataillon réside au centre de son bataillon et le réunit tous les trois mois. Enfin le colonel réside au centre de son régiment et doit en voir toutes les parties au moins une fois par an. Il a près de lui un capitaine d'économie chargé de l'administration du régiment.

Chaque régiment-frontière fournit 2 bataillons en temps de paix et 4 en temps de guerre. Dans certains cas, il peut en fournir davantage. En 1849, quelques régiments avaient fourni 7 bataillons.

En temps ordinaire la durée du service dans les régiments-frontières est de 12 ans.

Il y a 14 régiments-frontières, plus un bataillon indépendant, le bataillon *titler*. Il y a de plus 7 divisions de cavalerie irrégulière, levées dans le pays et attachées à 7 des régiments d'infanterie. Chaque corps a en outre une petite artillerie légère. Le pied de paix de ces troupes est de 15,000 hommes; leur pied de guerre peut aller jusqu'à 60,000 sur une population de 1,200,000 âmes.

Les régiments-frontières ou confins militaires forment pour l'Autriche un élément de force important et économique. L'impôt, en effet, se paie en nature, blé, laine, ou journées de travail; le blé sert à nourrir la population et les soldats; la laine à les habiller; les journées de travail à l'entretien des routes et aux choses d'utilité publique; de sorte que les régiments-frontières coûtent peu de chose à l'État.

Néanmoins cette organisation tend à disparaître; elle a rendu de grands services à l'Autriche; mais elle présente aussi de graves défauts; l'absence de propriété individuelle arrête tout progrès, entretient la pauvreté et l'ignorance, empêche le commerce et l'industrie; de plus l'autorité civile et militaire des officiers envoyés au milieu de ces populations n'est pas sans inconvénient sous le rapport moral; et en ce moment le régime des confins tend à se modifier et à se mettre en rapport avec les idées modernes.

Nous passons à l'étude du recrutement. L'armée autrichienne se recrute par appels, engagements volontaires et rengagements.

Le système des appels, organisé en 1851, se rapproche beaucoup du système français; il présente le même tirage au sort, les mêmes exemptions légales et à peu près les mêmes dispenses.

L'âge de l'appel est de 20 ans accomplis. La durée du service est de 10 ans dont 5 ans dans l'armée et 5 ans dans la réserve. Le contingent varie chaque année avec les circonstances. En moyenne il est de 80 à 100,000 hommes. Il peut porter sur la totalité d'une classe, comme en France; mais de plus il peut encore porter sur les classes précédentes, en commençant par la première et en remontant, s'il y a lieu, jusqu'à la 6e et à la 7e, et en prenant par conséquent tous les jeunes gens de l'empire de 20 à 27 ans.

Le recrutement autrichien a encore ceci de particulier qu'il a lieu par district; de sorte que les régiments d'infanterie et de cavalerie ont chacun leur district de recrutement où réside leur dépôt, et sont par suite composés d'hommes du même pays, ayant les mêmes mœurs et parlant le même langage. Quant aux armes spéciales, elles choisissent leurs soldats dans tout l'empire.

L'exonération est en usage dans l'armée autrichienne; mais elle peut être suspendue en temps de guerre; le produit des exonérations est versé directement au trésor.

Pour les remontes, l'Autriche emploie deux moyens : la production directe, qui s'effectue par les haras, et les achats.

Les haras sont au nombre de 5; ils renferment des étalons et de nombreuses juments; leur production est considérable; on cite une année, 1831, où l'Autriche a tiré de ses haras 30,000 chevaux.

Il y a un corps particulier des haras, commandé par un général inspecteur. On emploie généralement comme reproducteurs des chevaux arabes ou des chevaux barbes; on a remarqué que le sang anglais ne réussissait pas.

Quant aux achats de chevaux, des commissions achètent des chevaux de 4 à 7 ans et de provenance nationale.

Il y a encore en Autriche un certain nombre de dépôts d'étalons qui dépendent du ministère de la guerre.

La discipline autrichienne est très-sévère; elle admet les châtiments corporels, comme la discipline prussienne. Les peines ordinaires sont les corvées, les factions hors tour, la parade, la prison, l'envoi dans les compagnies de discipline, etc.

La discipline autrichienne repose toujours sur une organisation de la justice militaire, et sur un système d'avancement et de récompense.

La justice militaire présente des tribunaux de deux degrés : conseils de régiment et tribunal d'appel à Vienne. Les parquets de ces tribunaux sont formés par les auditeurs des diverses classes dont nous avons parlé précédemment.

L'avancement a lieu jusqu'au grade de capitaine, d'après la volonté des colonels propriétaires des régiments. Ce sont également ces colonels qui proposent au ministre les officiers nécessaires pour remplir les emplois d'officiers supérieurs vacants dans leurs corps. Mais, sauf les avancements qui ont lieu d'un corps dans un autre, toutes les nominations dans le même corps ont lieu à l'ancienneté. Le choix n'est pas admis dans le même régiment.

Les officiers sortent généralement du corps des cadets ; ce sont des jeunes gens de famille, qui s'engagent après des examens très-élémentaires, qui s'équipent à leurs frais, vivent comme les officiers et le deviennent en quelques années à la nomination des colonels propriétaires. Ce système favorise beaucoup l'aristocratie ; il donne à l'armée des officiers incomplétement instruits ; enfin il fait déserter les écoles militaires, qui ne fonctionnent plus que d'une manière imparfaite.

Les ordres principaux de l'Autriche sont ceux de Marie-Thérèse, d'Elisabeth-Thérèse et du Mérite militaire. Chacun de ces ordres a une hiérarchie de grands-croix, de commandeurs et de chevaliers. Il y a en outre des médailles militaires, comme chez les autres puissances européennes.

Pour l'administration, le commissariat dont nous avons indiqué précédemment le personnel est seulement chargé du contrôle de la comptabilité. L'État fournit tout aux corps, ce qui fait qu'il n'y a pas de masse individuelle pour les hommes ; l'Autriche possède de grands magasins centraux, appelés magasins de la monture militaire, où l'on réunit des approvisionnements de toute espèce et d'où une armée entière pourrait sortir complétement habillée, armée et équipée.

Le personnel des magasins de monture militaire se compose d'un général inspecteur, de colonels, lieutenants-colonels, majors, capitaines de 1re et de 2e classe, lieutenants et sous-lieutenants.

Les établissements dont nous parlons sont au nombre de 6 et se trouvent à Vienne, à Prague, à Brünn, à Alt-Offen, à Gratz et à Jaroslaw.

Quant à l'administration régimentaire, elle a lieu sous les ordres directs du colonel sans conseil d'administration. Elle se fait dans chaque régiment au moyen d'un comptable (rechnung-führer) et de 8 fourriers.

L'instruction militaire est progressive comme en France ; elle s'attache surtout à donner aux soldats de l'initiative et aux manœuvres de la rapidité, c'est-à-dire à corriger deux défauts traditionnels de la tactique autrichienne. Elle se divise en 4 parties : école du soldat, école du peloton, école du bataillon et école de brigade.

L'instruction intellectuelle comporte un grand nombre d'établissements. Il y a d'abord 8 établissements d'instruction militaire, où l'on reçoit des enfants à l'âge de 8 ans, dans le but de préparer à l'armée des sous-officiers que l'ignorance des classes inférieures ne permet pas de trouver dans ses rangs.

Il y a ensuite des écoles de compagnie (schul-compagnien) pour l'infanterie, l'artillerie et le génie ;

Puis des instituts de cadets, au nombre de 4, à Hainbourg, à Eisenstadt, à Saint-Polten et à Marbourg;

Une académie militaire à Neustadt. Cette académie

fournit des officiers à l'infanterie et à la cavalerie ; elle est commandée par un général-major ;

Une académie d'artillerie à Weiskirchen, commandée par un colonel d'artillerie ;

Une académie du génie à Klosterbrück, auprès de Znaïm, commandée par un colonel du génie ;

Comme école d'application, il y a l'école de la guerre, à Vienne, qui présente 2 divisions d'élèves (lieutenants et sous-lieutenants), une de première année et une de seconde. Ces divisions sont de 25 élèves. Il y a en outre un cours particulier d'artillerie et un cours particulier du génie.

Nous trouvons encore une école centrale militaire de cavalerie à Vienne, où se trouvent des capitaines et des lieutenants ;

Puis une école d'administration à Vienne, placée sous la direction du commandant de l'école de guerre ;

Une académie de médecine et de chirurgie, à Vienne, sous les ordres d'un colonel ;

Un institut vétérinaire à Vienne ;

Enfin les régiments-frontières ont des établissements d'instruction qui leur sont particuliers.

Nous arrivons aux établissements militaires. Ces établissements, qui forment le 7e et dernier élément du système militaire autrichien, se composent des magasins de la monture militaire, dont nous avons parlé précédemment, d'hôpitaux, de manutentions, dépendant du commissariat de la guerre ;

Puis d'établissements de discipline et de prisons appartenant à la justice militaire et relevant du corps de l'auditoriat ;

Ensuite, d'ateliers de constructions, de fonderies,

de manufactures d'armes, d'arsenaux qui appartiennent au corps de l'artillerie ;

D'un institut géographique, qui correspond à notre dépôt de la guerre;

De haras, de maisons d'invalides, de casernes ;

Enfin, d'un grand nombre de forteresses qui assurent la défense du territoire, et dont les principales sont : Comorn, Olmütz, Pola, Cracovie, Peterwaraddin, Zara, Carlsbourg, Temeswar, Josephstadt, Gratz, etc.

Telles sont les forces militaires de l'Autriche, dont l'armée permanente peut aller aujourd'hui jusqu'à 800,000 hommes, avec 100,000 hommes de troupes de dépôt et 200,000 hommes de landwehr.

Nous y joindrons la flotte de l'Adriatique, qui a remporté en 1866 la victoire navale de Lissa.

IV.

Jetons maintenant un coup d'œil sur l'organisation militaire de l'Italie.

L'Italie moderne a été formée à la suite de la guerre de 1859. Nous avons parlé des agrandissements successifs de la Prusse; mais ceux de l'Italie ont été bien plus rapides encore.

En 1855, grâce à nos victoires et aux annexions, le royaume de Piémont devient le royaume de l'Italie septentrionale, comprenant le Piémont, la Lombardie, la Toscane, l'Emilie et les duchés de Parme et de Modène, avec une population d'environ 12 millions d'habitants. En 1860, une nouvelle révolution s'accomplit ; le royaume de Naples et la plus grande partie des États de l'Eglise sont réunis à leur tour, et le royaume d'Italie se trouve formé avec une population d'environ 22 millions d'habitants. Enfin, en 1866, l'Italie tire un grand parti de la situation et obtient la Vénétie, qui complète son territoire et porte sa population à 24 millions d'habitants.

En quelques années, l'Italie devient ainsi une des grandes puissances de l'Europe, et aujourd'hui elle est destinée à jouer un rôle considérable. Alliée ou ennemie, elle peut exercer une grande influence dans les conflits de l'avenir. Considérée sous ce rapport, elle est donc intéressante à étudier ; elle l'est encore, parce que ses institutions militaires ont été formées de toutes pièces, sans tenir compte des traditions et en empruntant à deux puissances militaires de l'Europe, la France et la Prusse, ce qui paraissait le meilleur à imiter.

Le gouvernement de l'Italie est un gouvernement monarchique et représentatif. Le budget italien présente 800 millions de recettes, mais généralement avec 1 million de dépenses, et c'est là pour le nouveau pays un véritable danger.

Les frontières de l'Italie, marquées par les Alpes, la Méditerranée et l'Adriatique, sont aussi bonnes que celles de l'Espagne et meilleures que celles de la France, de la Prusse et de l'Autriche.

Enfin, si l'unité de l'Italie est récente, l'homogénéité de sa population est complète. Origine, race, langue, religion, histoire et traditions, tout lui est commun ; il n'y a tout au plus à craindre que les rivalités de ville à ville.

L'armée italienne est en ce moment organisée de la manière suivante :

Elle a à sa tête le roi, entouré d'une maison militaire composée d'aides de camp et d'officiers d'ordonnance. Le roi a pour sa garde personnelle une compagnie de gardes du corps et une compagnie de gardes du palais.

Nous trouvons ensuite, comme en France, un ministre de la guerre, avec le personnel du ministère et des comités de diverses armes.

Puis un état-major général, comprenant des généraux, des lieutenants généraux et des généraux-majors. Le grade de maréchal existe en principe, mais il n'a pas encore de titulaires.

Le corps d'état-major comprend : 1 commandant du corps, 1 général-major, 10 colonels, 20 lieutenants-colonels, 88 majors, 92 capitaines et 60 lieutenants, environ 272 officiers.

Pour les troupes, il n'y a pas de garde.

L'infanterie comprend 80 régiments à 4 bataillons de 4 compagnies, et 45 bataillons de bersaglieri.

La cavalerie se compose de 4 régiments de cavalerie de ligne à 6 escadrons, et 15 régiments de cavalerie légère, dont 1 régiment de guides à 4 escadrons.

L'artillerie comprend 5 régiments de campagne, ayant chacun 15 batteries, 3 régiments d'artillerie de place et 1 régiment de pontonniers.

Le génie est formé de 2 régiments de sapeurs à 3 bataillons.

La gendarmerie, qui porte le nom de corps des carabiniers royaux, forme 14 légions et comprend 20,000 hommes environ.

Le train forme 3 régiments.

Ces différents corps, corps de ligne et corps hors ligne, ont une organisation de détail analogue à celle des mêmes corps dans l'armée française.

Pour les autres états-majors et différents services, il y a un corps de l'intendance, un corps d'officiers de santé, un corps de chapelains et d'aumôniers, et pour la justice militaire des tribunaux territoriaux à Turin, Bologne, Ancône, etc., avec un tribunal suprême formant une Cour d'appel à Florence.

A la suite de la guerre de 1866, l'armée italienne présentait les chiffres suivants : infanterie 320,000 hommes; bersaglieri 40,000 ; cavalerie 23,000 ; artillerie 40,000; génie 8,700; train 13,000; carabiniers royaux 20,000; enfin ouvriers d'administration et autres corps hors ligne 15,000; total environ 460,000 hommes. C'était le pied de guerre de l'armée italienne, dont le pied de paix est d'environ 240,000 hommes.

Comme l'armée prussienne, l'armée dont nous parlons a une organisation d'ensemble en 6 corps d'armée ou 6 circonscriptions.

Le 1er corps occupe le Piémont; le 2e la Lombardie, le 3e les duchés et l'Emilie; le 4e la Toscane; le 5e Naples et la Calabre; le 6e enfin la Sicile.

Le recrutement se fait par appels et engagements volontaires. Chaque classe se divise en deux catégories, dont l'une sert 5 ans dans l'armée et 6 ans dans la résérve, et dont l'autre sert 9 ans, mais en n'étant astreinte qu'à des exercices annuels de 40 jours chaque année. Cette loi, qui est l'ancienne loi piémontaise, est fort adoucie dans la pratique; si elle était appliquée avec rigueur, elle donnerait à l'Italie une armée de 700,000 hommes.

Nous ajouterons, qu'en outre, il y a en Italie une garde nationale dont une partie peut être mobilisée et rendre de grands services.

Sous le rapport de la discipline, de l'administration, de l'instruction et des établissements du matériel, l'on peut dire que les institutions militaires de l'Italie sont calquées en grande partie sur celles de la France et sur celles de la Prusse.

Nous terminerons en remarquant, qu'indépendamment de ses forces de terre, l'Italie possède des forces maritimes que favorisent le nombre de ses ports et l'étendue de ses côtes.

HUITIÈME LEÇON.

Système militaire de la Russie. — Considérations générales.
Tableau de l'armée russe.—Armée active. — Corps spéciaux et troupes irrégulières.
Réserves. — Recrutement et autres éléments des institutions militaires de la Russie.
Coup d'œil sur l'organisation militaire de l'Angleterre.

I.

L'histoire de la Russie commence vers le milieu du IXe siècle ; nous voyons à cette époque Rurick le Grand fonder l'empire Russe et lui donner immédiatement un immense développement territorial. De Rurick le Grand à Pierre le Grand s'écoule un long intervalle de 9 siècles, pendant lequel l'histoire de la Russie présente le triste spectacle d'un peuple encore barbare, qui d'un côté lutte contre les envahissements des hordes asiatiques, Mongols et Tartares de Gengis-Khan et de Tamerlan ; et qui d'un autre côté souffre tous les maux que peuvent engendrer le despotisme, la cruauté, quelquefois la folie furieuse de ses souverains, entre autres d'Ivan IV. Enfin au commencement du XVIIIe siècle, nous voyons paraître Pierre le Grand, qui devient le régénérateur de la Russie. Il appelle les étrangers et il introduit avec eux, dans son pays, toutes les ressources de l'industrie européenne ; il donne à son peuple des lois, une armée, une flotte et une capitale. Il fait de la Russie une puissance civilisée, et il présente les armées russes sur les champs de bataille européens, à la suite de ses guerres avec Charles XII.

— Après Pierre le Grand, nous voyons la Russie lutter contre Frédéric II et livrer plusieurs batailles aux armées prussiennes. Nous la voyons ensuite, pendant les guerres de la Révolution et de l'Empire, prendre part aux diverses coalitions formées contre la France, et les batailles de Zurich, d'Austerlitz et de Friedland sont pour nous les principaux événements de ces diverses époques. En 1812, l'invasion de Napoléon montre la force de résistance de cet immense empire. En 1813, 1814 et 1815, la Russie tient le premier rang dans les conseils et sur les champs de bataille de la dernière coalition dirigée contre nous. Pendant la période suivante, on s'exagère les forces de l'empire Russe; on surfait ses moyens de guerre extérieure; aussi en 1854, l'empereur Nicolas, enivré de son pouvoir, entame la lutte contre les puissances occidentales. — On en connaît les résultats. — Aujourd'hui la Russie pèse moins que par le passé sur la politique extérieure de l'Europe; elle vient de traverser une période de repos et de recueillement pendant laquelle elle s'est occupée particulièrement de ses réformes intérieures; elle a affranchi ses paysans; elle a amélioré ses voies de communication; elle a perfectionné toutes ses institutions; elle a cherché à terminer ses affaires de Pologne. Sous la direction de son souverain, l'empereur Alexandre II, elle a accompli de grands et de véritables progrès.

L'empereur de Russie est un souverain absolu; cependant il faut remarquer que son pouvoir n'est pas tout à fait sans contre-poids; il a auprès de lui le conseil de l'empire, qui joue à peu près le rôle de notre Conseil d'État; de plus, la noblesse russe est nombreuse, riche, et a une certaine influence; enfin le principe électif joue un rôle assez considérable dans l'administration des provinces, des communes et des corporations marchandes.

Le territoire de la Russie est de 22 millions de kilomètres carrés, dont 5 millions 400,000 en Europe ; ce territoire comprend la partie orientale de l'Europe et les parties septentrionales de l'Asie et de l'Amérique ; ce sont presque partout des plaines immenses, où règnent généralement des températures extrêmes et où le chiffre de la population est loin d'être en rapport avec l'étendue du terrain qu'elle occupe. Les frontières de ce vaste territoire ne sont guère vulnérables que du côté de la Pologne ; partout ailleurs les mers, les montagnes et surtout les déserts les mettent à peu près hors d'insulte.

La population de la Russie est d'environ 67,500,000 habitants, dont 52 millions pour la Russie d'Europe proprement dite et le reste pour la Pologne, la Finlande, le Caucase, la Sibérie et l'Amérique russe ; cette population appartient à quinze races différentes dont l'assimilation n'est pas encore complète ; ce sont de Grands Russes, des Petits Russes, des Russes Blancs, des Polonais, des Bulgares, des Serbes, des Finnois, des Allemands, des Juifs, des Tartares, des Esquimaux, des Caucasiens, etc... Cependant il faut observer que la plus grande partie de cette population appartient à la race slave et professe la religion grecque ; on a remarqué dans les derniers recrutements, que chaque contingent contenait en moyenne 89 pour 0/0 de véritables Russes. Si nous considérons cette population au point de vue social, nous dirons qu'il y a quelques années, la plus grande partie se composait de serfs appartenant à la couronne et à quelques milliers de familles nobles ; mais que les serfs ont été affranchis par un ukase de l'empereur Alexandre II, en date du 19 février 1861; cet ukase est donc récent, et l'effet ne s'en fera véritablement sentir que dans plusieurs générations.

Les revenus de la Russie sont d'environ 480 millions de roubles, c'est-à-dire 1920 millions de francs. Sa dette est d'environ 6 milliards de francs. Elle a de grandes richesses métalliques, mais qui sont encore mal exploitées. De plus le défaut de voies de communication empêche le développement du commerce et de l'industrie. Par suite, la Russie a peu de crédit; dans la guerre de Crimée, elle avait de la peine à emprunter 200 millions, tandis que les puissances occidentales trouvaient facilement trois milliards. Enfin, comme l'Autriche, la Russie est obligée d'employer du papier-monnaie, dont la valeur n'est pas toujours suffisamment garantie.

La Russie est donc le plus grand État de l'Europe pour son territoire et sa population; elle possède de grandes ressources, mais qui ne sont pas encore complétement exploitées; depuis Pierre le Grand, elle a fait d'immenses progrès; il lui en reste beaucoup à faire encore. Elle doit surtout développer son commerce, son industrie et ses voies de communication; sous ce dernier rapport elle était dans un état d'infériorité notable au moment de la guerre de Crimée; les renforts envoyés à l'armée avaient alors à parcourir 1200 kilomètres à travers des steppes et sur de mauvaises routes; on emmenait jusqu'à Sébastopol les charrettes et les paysans sans fourrages et sans indemnités; quoique combattant sur son propre territoire, l'armée russe était moins bien approvisionnée que les armées alliées. La Russie est évidemment une des plus grandes puissances de l'Europe; elle joue un grand rôle dans toutes les questions européennes, et elle exerce une influence considérable sur les affaires du monde; seulement nous remarquerons que depuis la guerre de Crimée, cette influence n'est plus comme autrefois systématiquement hostile à la France ; la Russie n'est plus l'âme d'une sainte alliance dirigée contre nous; au contraire, elle nous a rendu un grand service en 1859, en contenant l'Allemagne par ses menaces. L'alliance de la Russie, employée autrefois par plusieurs de nos gouvernements pour contre-balancer l'influence de l'Angleterre, peut encore à l'avenir nous être utile et avantageuse dans certaines circonstances. En dehors de la question d'Orient, la France et la Russie n'ont guère de points de contact et par suite n'ont guère de causes de querelle et de guerre.

II.

La force publique en Russie présente quatre éléments principaux :

1° L'armée permanente, que l'on appelle aussi l'armée active, que l'on appelait autrefois l'armée d'opérations en Europe;
2° Les corps spéciaux, corps d'armée ayant une destination spéciale;
3° Les troupes irrégulières qui se composent surtout des Cosaques;
4° Enfin, les troupes de garnison et les réserves.

Occupons-nous d'abord de l'armée permanente. — L'empereur en est le chef; il transmet ses ordres par l'intermédiaire de son ministre de la guerre; il a une maison militaire très-nombreuse, composée d'environ 250 officiers de tous grades, aides de camp généraux et aides de camp.

L'état-major général se compose de feld-maréchaux, généraux d'armée, généraux-lieutenants et généraux-majors. Le cadre de cet état-major n'est pas limité ; il comprend environ 800 officiers généraux de tous grades.

Le corps d'état-major, qui vient ensuite, comprend environ 400 officiers, savoir :

8 généraux en chef ou généraux d'armée ;
19 lieutenants généraux ;
37 généraux-majors ;
86 colonels ;
50 lieutenants-colonels ;
79 capitaines en 1er ;
68 capitaines en 2e ;
3 lieutenants en 1er ;
42 officiers, capitaines et lieutenants, sortis de l'académie avec des notes qui les classent dans l'état-major, mais qui font encore leur stage dans les corps.

Puis, viennent les troupes et à leur tête nous trouvons 2 escadrons d'escorte de l'empereur : 1 de Cosaques et 1 de Géorgiens.

Ensuite nous voyons la garde impériale. Celle-ci se compose de 3 divisions d'infanterie, ayant chacune 2 brigades, chaque brigade 2 régiments, chaque régiment 2 bataillons. Il y a de plus dans chaque division 1 bataillon de tirailleurs. La garde comprend ensuite 2 divisions de cavalerie ; chaque division est formée de 3 brigades, chaque brigade de 2 régiments ; la 1re division dite de réserve comprend : 4 régiments de cuirassiers et 2 régiments de Cosaques ; la 2e division ou division légère se compose de 2 régiments de dragons, 2 régiments de lanciers et 2 régiments de hussards. Chaque régiment de cavalerie se compose de 5 escadrons dont 4 actifs, 1 de dépôt. L'artillerie de la garde se compose d'une division comprenant 1 brigade à cheval, 3 brigades à pied et 1 parc; la brigade à cheval comprend 4 batteries, plus 1 de Cosaques; chaque brigade à pied comprend 3 batteries; les batteries sont de 8 pièces, ce qui fait 40 bouches à feu pour l'artillerie à cheval, 72 pour l'artillerie à pied, total 112; sur le pied de paix, les batteries n'ont que 4 pièces attelées. La garde comprend encore: 1 bataillon de sapeurs du génie avec 1 parc de pontons, un demi-escadron de gendarmerie, une brigade du train des équipages formée par les détachements appartenant aux régiments du corps d'armée. Enfin à la garde sont annexées les troupes modèles qui manœuvrent avec elle et qui sont placées sous les ordres directs du chef d'état-major de la garde; il y a un bataillon, un escadron et 2 batteries, 1 à pied et 1 à cheval.

On trouve ensuite en Russie un corps particulier que l'on appelle le corps des grenadiers; c'est un second corps de réserve. Ce corps comprend 3 divisions de grenadiers, chacune de 2 brigades de 2 régiments à 3 bataillons. Il y a, de plus, 1 bataillon de tirailleurs dans chaque division. La cavalerie du corps des grenadiers est formée d'une division analogue à la division légère de la garde. L'artillerie se compose également d'une division qui comprend: 1 brigade à cheval de 2 batteries, 3 brigades à pied à 3 batteries, plus un parc, total 11 batteries et 88 bouches à feu. Les corps hors ligne sont: 1 bataillon de sapeurs, 1 demi-escadron de gendarmerie et 1 brigade du train des équipages organisée comme dans la garde.

Maintenant, pour l'armée de ligne, elle était organisée autrefois en six corps, qui avaient chacun une organisation analogue à celle du corps des grenadiers. —Aujourd'hui, ces corps ont été dissous; on a conservé seulement l'organisation divisionnaire et il y a 18 divisions d'infanterie, 6 divisions de cavalerie, et 6 divisions d'artillerie. Les régiments qui les forment sont organisés de la manière suivante :

Pour l'infanterie, il y a 72 régiments. Le régiment d'infanterie russe comprend d'abord un état-major régimentaire, composé de :

1 colonel, chef du régiment ;
1 major, chef des tirailleurs ;
1 capitaine ou lieutenant, trésorier ;
1 quartier-maître, chargé du service des vivres et placé hors rang ;
1 capitaine ou lieutenant, aide de camp du régiment ;
1 comptable, ne portant pas l'épaulette et placé hors rang ;
1 auditeur de régiment ;
1 médecin-major ;
1 aumônier.

Le petit état-major comprend :

1 tambour-major ;
1 tambour de régiment ;
1 chef de musique ;
40 musiciens ;
1 clairon monté.

Le régiment a 3 bataillons.
L'état-major du bataillon comprend :

1 lieutenant-colonel ou major, chef du bataillon ;
1 major, commandant en second ;
1 sous-lieutenant, aide de camp de bataillon ;
1 médecin de bataillon ;
1 tambour et 1 clairon de bataillon.

Chaque bataillon a 4 compagnies de ligne et 1 compagnie de tirailleurs.

La compagnie se compose de :

1 capitaine ;
1 lieutenant ;
1 sous-lieutenant ;
1 enseigne ;
1 sergent-major ;
1 porte-enseigne ;
1 fourrier ;
14 sous-officiers sur le pied de paix et 17 sur le pied de guerre ;
3 tambours et 3 clairons pour l'infanterie, 5 clairons pour les tirailleurs ;
100 soldats sur le pied de paix ;
200 sur le pied de guerre.

Comme en France, la formation est sur 2 rangs, avec des soldats de 1re classe dans chaque compagnie et dans la proportion de 1 sur 4.

L'armement de l'infanterie consiste dans un nouveau fusil emprunté aux Américains et dans les anciens fusils transformés.

La cavalerie de la ligne se compose de 6 divisions formant 36 régiments, 12 de dragons, 12 de hulans et 12 de hussards.

Le régiment de cavalerie russe comprend d'abord 1 état-major, savoir :

1 colonel-commandant ;
3 officiers supérieurs, commandant les divisions de 2 escadrons ;
1 major adjoint ;
1 lieutenant ou capitaine en 2e, trésorier ;
1 quartier-maître ;
1 auditeur de régiment ;
1 médecin de régiment ;
1 médecin aide-major ;
1 vétérinaire ;

1 aumônier;
1 écuyer;
1 chef de musique.

Le régiment comprend 4 escadrons actifs et 1 de dépôt.

L'escadron comprend :

1 capitaine en 1er;
1 capitaine en 2e;
2 lieutenants;
3 cornettes (enseignes dans les dragons);
1 maréchal des logis chef;
1 porte-enseigne;
4 maréchaux des logis;
1 fourrier;
4 sous-officiers;
4 trompettes;
160 cavaliers avec 130 chevaux en temps de paix;
200 cavaliers avec 170 chevaux en temps de guerre.

L'artillerie est organisée par divisions. Il y a 1 division d'artillerie de la garde et 1 autre pour les grenadiers; nous en avons parlé précédemment; il y a ensuite 6 divisions de la ligne. Chaque division est composée d'une brigade à cheval, de 3 brigades à pied et d'une brigade de parc; les brigades à cheval sont à 2 batteries; les brigades à pied sont à 3 batteries; le matériel se compose de pièces de 4 et de 12; il est imité, en grande partie, du modèle français; la batterie russe, sur le pied de guerre, comprend 7 officiers, 27 sous-officiers ou brigadiers, 4 trompettes, 220 hommes et 150 chevaux environ.

Après les corps de ligne viennent les corps hors ligne : génie, train des équipages, gendarmerie et troupes d'administration.

Le génie se compose d'un état-major comprenant environ 400 officiers de tous grades et de troupes au nombre de 1 bataillon de la garde, 1 bataillon du corps de grenadiers et 6 bataillons de sapeurs de la ligne. Le bataillon du génie russe a une organisation analogue à celle du bataillon d'infanterie et comprend aussi 4 compagnies. En temps de paix et pour la facilité de leur instruction spéciale, les bataillons du génie sont réunis en 3 brigades; la 1re comprend les sapeurs de la garde et des grenadiers; les 2 autres comprennent chacune 3 bataillons de sapeurs de la ligne.

Quant au train des équipages, chaque corps a ses équipages régimentaires; dans l'infanterie, chaque bataillon a 10 voitures sur le pied de paix et 40 sur le pied de guerre; ces voitures sont à 2 roues et attelées à la russe de 3 chevaux de front; il en est de même des caissons d'artillerie; en campagne, ces équipages sont embrigadés et forment une brigade par corps d'armée sous les ordres d'un officier supérieur.

La gendarmerie se divise en gendarmerie active et gendarmerie territoriale; la première se compose de 6 escadrons, destinés au service des quartiers généraux; la seconde est organisée d'après les circonscriptions territoriales.

Quant aux troupes d'administration, elles sont peu nombreuses en Russie et jouent un rôle secondaire en raison du mode d'administration.

Tel est l'ensemble de l'armée russe; elle était autrefois organisée en corps d'armée; aujourd'hui elle est encore organisée par divisions, qui sont réparties dans les commandements territoriaux.

Après l'armée active viennent des corps d'armée

ayant une destination spéciale ; ils sont au nombre de 4, savoir : les corps du Caucase, de Finlande, d'Orembourg et de Sibérie.

Le corps du Caucase comprend une division de grenadiers du Caucase, 3 divisions d'infanterie de ligne, 1 division de cavalerie de 4 régiments de dragons, 1 division d'artillerie, 2 bataillons de sapeurs du génie, avec des troupes de réserve et des troupes irrégulières occupant les forteresses et assurant la possession du pays.

Le corps de Finlande comprend 1 division d'infanterie, 9 bataillons de tirailleurs finnois, 2 batteries d'artillerie, 1 bataillon de sapeurs et 1 régiment de Cosaques du Don. Ces troupes, sauf les Cosaques, se recrutent exclusivement dans le duché de Finlande et par voie d'enrôlements volontaires.

Le corps d'Orembourg se compose de 1 division d'infanterie, des Cosaques de l'Oural et d'Orembourg, des Baschekirs et de 2 batteries d'artillerie.

Le corps de Sibérie comprend 1 division d'infanterie, 2 batteries d'artillerie et les Cosaques de Sibérie ; il faut y joindre, sur les rives de l'Amour, aux frontières de la Chine et dans la Sibérie orientale, un détachement composé de 6 bataillons, 2 batteries et quelques escadrons de Cosaques.

Il faut ajouter enfin à l'armée active et aux corps spéciaux, les troupes irrégulières, ou les Cosaques.

Les Cosaques sont organisés en régiments de 800 cavaliers, comprenant chacun 6 sotnias ou 6 escadrons. On compte environ 146 régiments de Cosaques, mais une grande partie doit être considérée comme une sorte de milice territoriale attachée à la défense du sol ; tels sont les Cosaques du Caucase, d'Orembourg, de Sibérie et d'Astracan. Les Cosaques du Don sont probablement les seuls dont il y aurait lieu de tenir compte dans une guerre européenne; ils sont, du reste, les plus nombreux; ils fournissent 2 régiments de la garde et 64 de la ligne; la moitié de ces régiments est employée activement en temps de paix, tandis que l'autre moitié reste sur les bords du Don; les deux moitiés se relèvent tous les trois ans. Le temps de service chez les Cosaques est de 22 ans, depuis 20 ans jusqu'à 42 ans. Pendant la guerre d'Orient la Russie avait mobilisé environ 80 régiments de Cosaques; il faut remarquer que c'était une guerre défensive; dans le cas d'une guerre offensive, elle ne paraît pas pouvoir disposer de plus de 40 à 50 régiments, présentant de 20 à 30,000 cavaliers; ce sont du reste d'excellents éclaireurs, qui permettent aux Russes de ménager leur cavalerie régulière et de l'amener fraîche et entière sur les champs de bataille. Indépendamment de leur cavalerie, les Cosaques ont encore quelques bataillons d'infanterie et de l'artillerie; mais on ne compte qu'une trentaine de bataillons pour plus de 800 escadrons.

Les trois éléments des forces russes dont nous venons de parler présentent un effectif de paix d'environ 700,000 hommes. Sur le pied de guerre et en y comprenant les réserves dont nous parlerons tout à l'heure, ils pourraient s'élever à environ 1,300,000 hommes.

III.

Occupons-nous maintenant des réserves et des troupes de garnison.

Il y a d'abord en Russie une réserve de l'armée, composée d'hommes que l'on renvoie en congé illimité et que l'on rappelle suivant les circonstances.

Puis vient une réserve nationale; en 1812 et en 1855, on avait levé une milice de l'empire, qui était une sorte de levée en masse; aujourd'hui il y a en Russie une armée dite armée de réserve; cette armée se compose d'un bataillon de réserve par régiment de l'armée de ligne, ce qui donne environ 80 bataillons de réserve; il y a de même environ 60 escadrons et un certain nombre de batteries de réserve. L'armée de réserve a pour objet de rendre l'armée active disponible en gardant les places fortes et le pays; elle sert aussi à instruire les recrues et à maintenir au complet les troupes en campagne. Les troupes de réserve sont endivisionnées; il y a une division de réserve pour la garde; et 6 divisions de la ligne; on pense en temps de guerre pouvoir élargir les cadres et transformer les divisions de réserve en corps de réserve. Le général en chef de l'armée de réserve réside habituellement à Moscou.

Il faut joindre à l'armée de réserve les troupes sédentaires qui sont chargées de la police des villes, de la garde intérieure du pays, du service des convois de prisonniers et de matériel. Ces troupes se composent de 50 bataillons de garnison et de nombreux détachements d'invalides et d'étapes. Il y a quelques années ces troupes sédentaires recevaient le rebut du recrutement; les officiers étaient d'anciens soldats parvenus à l'épaulette, ou les élèves les plus médiocres des écoles de cadets; ces troupes laissaient beaucoup à désirer; on s'est occupé depuis de les améliorer par des inspections sévères.

Nous passons au recrutement, qui a lieu en Russie de deux manières :

1° Par des engagements volontaires, qui donnent à l'armée un assez grand nombre d'officiers, mais peu de soldats ;

2° Par les appels, qui fonctionnent de la manière suivante : un ukase impérial détermine le nombre d'hommes à fournir sur 1000 ; la proportion varie généralement entre 4 et 12, suivant les besoins ; pendant la guerre d'Orient, il y eut deux levées de 12 hommes sur 1000 dans la même année ; de 1856 à 1862, il n'y eut pas d'appels, et l'armée se recruta au moyen des hommes envoyés en congé illimité après la paix de Paris, et rappelés successivement. En 1863, le gouvernement a levé 108,924 hommes, dont 80,000 environ de 20 à 25 ans, et le reste de 25 à 30. Il a fallu examiner 225,000 hommes pour obtenir ces 108,000, ce qui est à peu près la proportion habituelle. Comme nous l'avons dit précédemment, ce recrutement présentait envion 89 pour 100 de slaves orthodoxes.

Quant à la désignation des jeunes gens, les propriétaires désignaient eux-mêmes autrefois ceux de leurs serfs âgés de 20 à 30 ans qu'ils voulaient faire partir ; aujourd'hui, on se sert du tirage au sort sur les terres de la couronne, et dans le reste de l'empire on demande les hommes aux familles et à tour de rôle. Les hommes de recrue sont examinés par un conseil de recrutement. Quand ils sont reconnus propres au service, on leur coupe la barbe et les cheveux, on les habille et on les envoie sous escorte à leurs régiments. A l'époque où le maréchal Marmont visita la Russie, les recrues restaient longtemps en route, mal nourries, traitées souvent avec brutalité et soumises par suite à une grande mortalité. La durée de service est de 15 ans, dont 12 sous les drapeaux et 3 dans les réserves. La loi admet le remplacement et l'exonération sous le nom de quittances de recrutement, mais dans une proportion limitée. Nous ajouterons qu'il y a dans l'empire un groupe de privilégiés, d'environ 2 millions et demi, qui échappent au recrutement.

Pour les remontes, les colonels reçoivent de l'État 100 roubles par cheval de l'armée et 200 ou 240 roubles par cheval de la garde. Ils achètent les chevaux au moyen de deux officiers de remonte par régiment; ces officiers parcourent les foires, qui sont nombreuses en Russie; en 1867, il y eut environ 460 foires de chevaux, sur lesquelles on en a présenté à peu près 260,000. On estime la population chevaline de la Russie à environ 16 millions de chevaux. Les officiers de remonte ramènent les chevaux qu'ils ont achetés au régiment, où ils ne sont reçus qu'après l'acceptation du général de division. La durée du cheval dans l'armée russe est de 8 ans, comme dans l'armée française.

La discipline russe est sévère, et admet les châtiments corporels.

La justice militaire comporte trois espèces de commissions : de régiment, de division et de corps d'armée; elle comporte à Pétersbourg un auditoriat général, espèce de cour d'appel ou de cour suprême.

Pour l'avancement, celui des sous-officiers se fait dans les corps; les officiers sortent des écoles militaires ou des porte-enseignes; quelques-uns sont des sous-officiers qui ont 12 ans de services irréprochables, et qui ont subi un examen. Presque tous les officiers appartiennent à la noblesse. L'avancement des officiers a lieu ensuite à l'ancienneté, au concours ou au choix de l'empereur avec des proportions qui varient suivant les grades.

Les distinctions honorifiques en Russie sont l'ordre militaire de Saint-Georges qui présente 4 classes; puis six autres ordres militaires, ceux de Saint-André, de Saint-Alexandre-Newski, de l'Aigle Blanc de Pologne, de Saint-Wladimir, de Sainte-Anne et de Saint-Stanislas; ensuite il y a des armes d'honneur, des médailles commémoratives, et enfin, une décoration des soldats qui présente 4 classes et qui donne droit à une augmentation de solde: après une affaire, le général en chef demande, pour chaque régiment, un nombre de ces décorations proportionné aux services qu'il a rendus, et ce sont ensuite les soldats qui désignent les plus méritants.

L'administration des régiments russes est confiée aux colonels, sans conseils d'administration. Chaque colonel reçoit pour ses troupes une partie des fournitures en nature et pour les autres, il reçoit un abonnement de l'État et s'adresse à des fournisseurs.

Le commissariat joue, par suite, un rôle peu important. Du reste, l'administration est une des parties faibles de l'organisation militaire de la Russie et un grand obstacle à l'amélioration de cette partie du service est l'insuffisance du casernement. La garde seule a des casernes. Presque toutes les autres troupes sont cantonnées, ce qui rend la surveillance difficile et ce qui facilite les détournements.

Sous le rapport de l'instruction, les soldats sont exercés pendant l'hiver à l'escrime et aux exercices de détail, dans des salles couvertes à Pétersbourg et dans les grands centres. Au printemps, on fait l'école du soldat et l'école de peloton dans les cantonnements. Pendant l'été, les régiments se rassemblent pour les manœuvres, qui durent jusque vers le milieu d'août. C'est là la marche habituelle de l'instruction militaire. Il faut ajouter que la garde se réunit tous les ans du 15 juin au 15 août dans le camp de Krasnoë-Celo, situé à 26 kilomètres de Pétersbourg, et qu'elle y manœuvre sous les yeux de l'empereur. La Russie forme d'autres camps d'instruction qui sont fréquents et parfois considérables; l'un d'eux, celui de Vosnosensk, sous l'empereur Nicolas, a présenté 40,000 cavaliers réunis.

Quant à l'instruction intellectuelle, aucune puissance n'a, sous ce rapport, autant d'établissements que la Russie. Elle a d'abord trois académies ou écoles d'application, savoir : une école d'état-major, une école d'artillerie et une école du génie, qui ne reçoivent pour élèves que des officiers; puis viennent des écoles spéciales pour l'artillerie et le génie, où les élèves entrent à 14 ans. Enfin, il y a 20 corps de cadets que l'on appelle aussi des gymnases militaires, ayant en moyenne chacun 400 élèves, ce qui fait 8,000 pour l'ensemble; ces gymnases doivent fournir à l'armée russe 1000 officiers par an.

Les corps de cadets reçoivent les enfants à l'âge de 12 ans, et leur programme d'études est fort étendu.

Comme dernier élément de son système militaire, la Russie possède des établissements militaires nombreux et considérables. Les principaux sont : 6 arsenaux d'artillerie pour la fabrication du matériel, 20 dépôts d'armes, 9 fabriques d'armes, 3 poudreries, 2 capsuleries, 1 atelier de fusées à Saint-Pétersbourg avec une école de pyrotechnie, etc...

La Russie a encore de nombreuses forteresses destinées à la défense du territoire et partagées en 10 arrondissements.

Indépendamment de ses forces de terre, la Russie possède une marine considérable, qui tient le 3e rang en Europe, et qui vient après celles de l'Angleterre et de la France.

On voit, d'après ce tableau abrégé de ses institutions, que la Russie est une grande puissance militaire, qui possède surtout une force défensive remarquable et qui ne paraît pas encore parvenue au développement complet de tous ses moyens.

IV.

Jetons maintenant un coup d'œil sur l'organisation militaire de l'Angleterre.

L'Angleterre est une monarchie constitutionnelle. Sa population en Europe est d'environ 29 millions d'habitants; la population de ses colonies est d'environ 185 millions. L'Angleterre est la mieux partagée de toutes les puissances européennes sous le rapport de ses frontières; elle est la plus puissante sous le rapport de sa marine; enfin elle est la plus riche quant à ses revenus; le budget anglais est d'environ 70 millions de livres sterling ou de 1,750 millions de francs, auxquels il faut joindre 40 millions de livres sterling ou 1 milliard de francs pour les colonies.

La force publique en Angleterre présente trois éléments principaux : l'armée permanente, la milice et les volontaires.

L'armée permanente anglaise est coûteuse ; l'entretien de 1000 hommes y revient à 1,500,000 francs, sans compter les dépenses du recrutement, qui, en temps de guerre, deviennent considérables. De plus cette armée est difficile à mouvoir, à nourrir et à entretenir. Néanmoins, grâce à sa discipline et à la vigueur de l'esprit anglo-saxon, elle est une des plus solides de l'Europe.

Son état-major général se compose de 50 généraux, de 70 lieutenants généraux destinés au commandement des divisions et 114 majors généraux destinés au commandement des brigades.

Il n'y a pas de corps d'état-major, mais il y a, dans les régiments, une classe d'officiers propres à ce service, provenant d'une école spéciale (staff college) où ils ont étudié deux ans, et en sortant de laquelle ils ont fait un stage de plusieurs années dans les diverses armes.

La garde se compose de : 1 régiment de grenadiers à 3 bataillons, de 2 régiments d'infanterie à 2 bataillons et 3 régiments de cavalerie.

L'infanterie de ligne se compose de 109 régiments, dont un grand nombre n'ont qu'un seul bataillon, car ils ne comptent que 125 bataillons en totalité. Le régiment anglais se compose généralement de 10 compagnies, dont 8 actives et 2 de dépôt, avec un effectif d'environ 40 officiers et 1050 hommes. Il y a de plus un certain nombre de régiments spéciaux pour les colonies et un corps de rifles ou de chasseurs à pied fort de 8 bataillons.

La cavalerie anglaise se compose, indépendamment des 3 régiments de la garde dont nous avons parlé, de 28 régiments de ligne, savoir : 10 régiments de dragons, 5 régiments de lanciers et 13 régiments de hussards. Presque toute la cavalerie anglaise peut être considérée comme de la grosse cavalerie à cause de la taille des hommes et des chevaux. Le régiment comprend 4 escadrons et l'escadron 2 compagnies.

L'artillerie comprend un état-major et comme troupes, 30 batteries de la garde, 70 de la ligne et 111 de garnison.

Le génie ou le corps des ingénieurs comprend un état-major fort d'environ 340 officiers et comme troupes, 40 compagnies de 130 hommes chacune. Le train se compose de 6 bataillons.

Les services administratifs sont exécutés par le département du commissariat; le service de santé par un corps médical. La justice militaire est rendue par des cours martiales qui infligent encore des châtiments corporels, mais seulement à certaines catégories de soldats. L'avancement a lieu à l'ancienneté et par l'achat des grades. Les services militaires sont récompensés par des pensions, des titres honorifiques, des décorations et des médailles. L'ordre militaire anglais le plus considérable est celui du Bain.

L'arméeanglaise estforte d'environ 220,000 hommes dont les 2/3 environ pour l'Europe et 1/3 pour les colonies. La marine compte 60,000 matelots et 18,000 soldats d'infanterie de marine. Il faut joindre à ces forces environ 175,000 hommes de troupes étrangères et coloniales. De sorte que, indépendamment de sa marine, l'Angleterre a une armée d'environ 400,000 hommes répartis dans les trois royaumes, dans les colonies et dans les diverses stations des routes qui y conduisent.

Comme troupes de réservé, il y a en Angleterre la milice et les volontaires.

La milice s'étend sur tous les sujets anglais sans exception; le sort désigne ceux qui doivent en faire partie; la durée du service y est de 5 ans. La milice est une espèce de landwehr armée, soldée, équipée et que l'on réunit chaque année pendant un certain temps pour des exercices militaires. Le nombre des régiments de milice varie avec les circonstances. Dernièrement, la milice comptait 125 régiments d'infanterie à 1 bataillon et 34 régiments d'artillerie. L'effectif de la milice peut être compté pour environ 120,000 hommes.

Enfin, il y a en Angleterre les volontaires, qui ont été organisés il y a quelques années dans la crainte d'une invasion, et qui sont au nombre d'environ 150,000. Les volontaires sont formés en compagnies; ils sont habillés, armés, et exercés chaque année pendant un certain temps; ils rendraient certainement de grands services dans le cas d'une guerre défensive.

A ces forces de terre l'Angleterre joint une flotte puissante qui comprend 42 navires cuirassés, 50 vaisseaux de ligne, 40 frégates, et 335 bâtiments de diverses grandeurs, portant 6,700 canons et montés par les 60,000 marins dont nous avons parlé.

Telles sont les institutions qui font de l'Angleterre une des grandes puissances de l'Europe.

V.

Nous avons terminé la première partie du cours de première année, et l'étude des institutions militaires des États.

Nous avons indiqué d'abord les principes généraux qui leur servent de bases; puis nous avons vu l'application de ces principes chez les grandes puissances de l'Europe.

L'étude des institutions militaires des États devait

nous servir de point de départ, parce qu'elle embrasse l'ensemble des moyens et des ressources que les peuples modernes mettent en usage pour constituer la guerre; parce que c'est dans cet ensemble qu'ils puiseront plus tard les différents éléments nécessaires à la formation de leurs armées actives; enfin, parce que c'est ainsi que l'on commence généralement l'étude d'une campagne, en exposant et en comparant les ressources des puissances belligérantes.

Mais nous observerons que pour compléter le tableau que nous venons de tracer, il faudrait encore deux choses : d'abord pour chaque grande puissance tenir compte, indépendamment de ses forces militaires, de ses forces productives, c'est-à-dire de son agriculture, de son commerce, de son industrie et surtout de son crédit; ensuite il faudrait tenir compte des puissances secondaires dont l'alliance peut évidemment changer les conditions d'équilibre; parmi ces puissances secondaires nous remarquerons : au Nord, la Suède avec 5 millions d'habitants; au Centre, la Suisse avec 2,400,000, et l'Allemagne du Sud avec 10 millions; au Midi, l'Espagne avec 14, et la Turquie avec 17. Bientôt peut-être il faudra tenir compte des États-Unis dont la puissance s'est révélée dans la guerre de la sécession, dont le développement est si rapide et dont l'intervention dans les affaires européennes est peut-être prochaine.

Il ne nous reste plus maintenant qu'à dire quelques mots sur l'utilité de l'étude des institutions militaires, et sur l'esprit dans lequel cette étude doit être faite.

L'étude des institutions militaires des peuples est indispensable à chacun d'eux pour le maintenir au niveau moyen de force, d'instruction et de manœuvres qui établit une sorte d'équilibre entre les grandes armées européennes. Elle est nécessaire encore pour la comparaison des principes et des méthodes employés, comparaison qui peut seule conduire aux meilleurs résultats. Enfin, elle est indispensable aux officiers d'état-major pour les préparer à leurs travaux futurs dans les reconnaissances, dans les missions à l'étranger, dans les ambassades et au dépôt de la guerre. « Il est d'un grand intérêt pour un État, dit le général « Jomini, de connaître la géographie et la statistique « des États voisins, ainsi que leurs moyens matériels « et moraux d'attaque ou de défense. On doit em- « ployer à ces travaux scientifiques des officiers dis- « tingués, et les récompenser quand ils s'en acquittent « d'une manière marquante. »

Quant à l'esprit dans lequel doivent être faites l'étude dont nous parlons et la comparaison qui en résulte, ce doit être un esprit de justice, d'impartialité et de mesure. Le véritable patriotisme ne consiste pas à admirer avec exagération les institutions de son pays et à dénigrer d'une manière systématique les institutions des pays étrangers ; il consiste bien plutôt à rechercher partout ce qui est bon, juste et convenable ; à apprécier en les raisonnant les avantages et les inconvénients de chaque institution ; à distinguer celles qui sont particulières au caractère de chaque peuple ; enfin, à conseiller à son pays le bien, à lui signaler le mal ; en un mot à chercher et à dire la vérité. Voilà, il me semble, la meilleure manière d'aimer sa patrie et de la servir, et voilà l'esprit qui doit présider au travail dont nous parlons.

PARIS. — IMPRIMERIE COSSE ET J. DUMAINE, RUE CHRISTINE, 2.

www.ingramcontent.com/pod-product-compliance
Ingram Content Group UK Ltd.
Pitfield, Milton Keynes, MK11 3LW, UK
UKHW021125220726
13924UKWH00004B/1916

9 782019 707163